Tina Willms | **Willkommen und gesegnet**

Tina Willms

Willkommen und gesegnet

Inspirationen zur Jahreslosung
und den Monatssprüchen 2022

neukirchener

MIX
Papier aus verantwortungsvollen Quellen
FSC® C014138
www.fsc.org

Bibliografische Information der Deutschen Nationalbibliothek:
Die Deutsche Nationalbibliothek verzeichnet diese Publikation in der
Deutschen Nationalbibliografie; detaillierte bibliografische Daten sind im
Internet über http://dnb.d-nb.de abrufbar.

Umschlaggestaltung: Agentur 3Kreativ, Essen, unter Verwendung eines
Bildes von © shutterstock/Nagib
Lektorat: Lea Omers, Duisburg
DTP: Breklumer Print-Service, www.breklumer-print-service.com
Verwendete Schrift: Cronos Pro, Adobe Garamond Pro
Gesamtherstellung: Finidr, s.r.o.
Printed in Czech Republic
ISBN 978-3-7615-6808-8 Print
ISBN 978-3-7615-6809-5 E-Book

www.neukirchener-verlage.de

INHALT

VORWORT

Eine offene Tür, ein „Herzlich willkommen!"
Wie gut tut es mir, freundlich empfangen werden, eine Tasse Kaffee oder Tee zu bekommen und ein offenes Ohr zu finden.

Und wenn ich wieder gehe, das Gefühl zu haben: Etwas ist anders als vorher. Meine Schritte sind leichter, ich sehe einen neuen Weg für mich, mir wurde der Rücken gestärkt. Als habe mein Gegenüber mich gesegnet.

Willkommen und gesegnet zu sein: Das gibt guten Boden unter die Füße und spendet mir Kraft, auch schwierige Zeiten zu überstehen.

In den letzten Monaten mussten viele Türen verschlossen bleiben. Das Lächeln war hinter Masken verborgen. Einander zu umarmen, wurde zur Gefahr. Unser Leben war geprägt von Infektionszahlen und Lockdowns. Wie gut tut es, dass die Jahreslosung für 2022 auf eine Tür hinweist, die offen bleibt. „Jesus Christus spricht: Wer zu mir kommt, den werde ich nicht abweisen."

Ganz in der Nähe ist ein Ort, an dem ein Willkommen und ein Segen auf mich warten. Ein Gedanke, ein Gebet, eine Stille: Und er ist da.

Gestärkt gehe ich zurück in den Alltag.

Und: Willkommen und Segen lassen sich weiterreichen, selbst in Zeiten der Pandemie.

Die Tür des Herzens kann ich öffnen, um mich einzufühlen, wie es anderen geht. Ebenso das Ohr für den Menschen, der mich braucht. Oder den Geldbeutel für jene, denen durch diese schwierige Zeit der Boden unter den Füßen wankt.

Möge Ihr Leben im kommenden Jahr immer wieder geprägt sein von einem Willkommen und einem Segen.

Hameln, im Februar 2021

Tina Willms

JAHRESLOSUNG 2022:
Willkommen und gesegnet

Jesus Christus spricht: Wer zu mir kommt, den werde ich nicht abweisen.
JOHANNES 6, 37 (E)

Wieder und wieder

Ein neues Jahr:
eine offene Tür.
Ein „Willkommen".

Signiert mit einem Willkommen[1]

Neshumele. Geliebte kleine Seele.
Der Kosename eines jüdischen Großvaters für seine Enkelin. An jedem Freitagnachmittag besucht sie ihn. Zuerst trinken sie Tee aus dem großen, silbernen Samowar.

Dann zündet der Großvater zwei Kerzen an. Die Enkelin tritt zu ihm. Er legt ihr die Hände auf und segnet sie. Das tut er sehr ausführlich. Und jedes Mal ist das Mädchen gespannt, was sie heute über sich selbst erfahren wird.
Woche für Woche preist der alte Mann Gott dafür, dass es seine Neshumele gibt. In den höchsten Tönen lobt er sie vor dem Angesicht des Höchsten. Wo sie gescheitert scheint, stellt er ihr großes Bemühen in den Vordergrund. Er hebt ihren Mut hervor, auch, wenn er nur kurz andauerte.

Und durch seine Sicht auf das, was sie erlebt hat, sieht auch die Enkelin selbst sich mit neuen Augen an.
Der Leistungsdruck, dem sie sonst ausgesetzt ist, fällt von ihr ab. Nie fragt der Großvater, ob sie genug getan und sich ausreichend angestrengt hat. Ob die Zwei nicht auch eine Eins hätte werden können.

Sie ist da, das ist genug.

Der Segen ihres Großvaters bleibt bei dem Mädchen, auch als er stirbt. Er hat sie signiert und mit seiner Liebe gezeichnet (wie es der lateinische Begriff „Signum“ sagt, von dem unser Wort „Segen“ stammt). Als habe er ihr ein „Herzlich willkommen!“ eingeprägt.

---

1 nach: „Der Segen meines Großvaters“ von Rachel Naomi Remen: https://www.wertschaetzer.com/inspirierende-medien/neshumele-%E2%80%93-der-segen-meines-gro%C3%9Fvaters (Zugriff am 05.04.2021).

Und sie, „Neshumele", hat seine Sicht auf sich selbst verinnerlicht. So ist der Großvater zu einem Teil von ihr selbst geworden. Seine Stimme, die immer neu formuliert hat, wie schön es ist, dass sie da ist, wohnt nun in ihr. Sein Segen wird sie wärmen, ein Leben lang.

Viele Jahre ist es her, seit ich diese Erzählung von Rachel Naomi Remen zum ersten Mal gelesen habe. Ich habe sie seitdem nie mehr vergessen. Es ist, als ob sie den Segen des Großvaters weiterreicht, damit er auch anderen Menschen einen neuen Blick auf sich selbst eröffnet.
Für mich illustriert das, was der jüdische Großvater tut, zugleich die Jahreslosung auf schönste Weise.
„Jesus Christus spricht: Wer zu mir kommt, den werde ich nicht abweisen." Auch das sind Worte eines Menschen, der im jüdischen Glauben aufgewachsen ist. Als er auf der Erde lebte – so wird von ihm gesagt – war er zugleich auch im Himmel zu Hause.

Gesandt und gesegnet von Gott selbst kommt er zu uns Menschen. Er heißt die, die ihm begegnen, willkommen bei sich. Er zeichnet sie mit seiner Liebe und verändert ihr Leben. Damals und heute.

Die „Ich-bin-Worte" des Johannesevangeliums zeigen, wie er uns segnet, dich und mich.

Er selbst sei die Tür zum Leben (Johannes 19, 9ff.), heißt es. Dort ist ein Land, das weit ist und nicht gebunden an die Zeit.

Als guter Hirte (Johannes 10, 14) empfängt er mich: Er hat Acht auf mich und sorgt sich um mich. Ohne mich anzuleinen oder einzuengen, leitet er mich.

Er sei der Weinstock, der seine Reben nährt. (Johannes 15, 5). Kraft und Süße fließen mir in seiner Nähe zu. Ich spüre, wie das Leben in mir pulsiert.

Brot des Lebens sei er (Johannes 6, 35). Er nährt meine Sehnsucht nach einem erfüllten Leben und sättigt meine hungernde Seele.

Als Licht des Lebens (Johannes 8, 12) fällt er auf meine trüben Gedanken, beleuchtet, was sich verändern könnte und vertreibt, was finster ist in mir.

Er sei Weg, Wahrheit, Leben (Johannes 14, 6), heißt es.
Den für mich eigenen, guten Weg finde ich in seiner Nähe. Ich folge ihm und versuche, wie er, liebevoll zu leben. Damit eine Wahrheit, die flüchtig ist und fragil, durch mich lebendig und sichtbar wird in der Welt.

Und wenn dann mein Dasein zu Ende geht, teilt er seins mit mir, weil er selbst die Auferstehung ist und das Leben (Johannes 11, 25).

Herzlich willkommen!

Schon jetzt ist die Tür zum Himmel offen. Jederzeit, an jedem Ort kann ich das Wort an ihn richten und mich selbst öffnen für ihn. Ich werde mit ausgebreiteten Armen empfangen. Gern gesehen und geliebt, so wie ich bin.

Wenn der Blick Gottes auf mich fällt, schaue ich mich auch selbst mit anderen Augen an:

Ich lasse seine Liebe für mich gelten und ruhe mich von meinen eigenen Ansprüchen aus. Ich spüre, wie ich aufrechter werde und neue Kraft gewinne.

Und ich vergewissere mich:
Unverrückbar steht sein Segen über meinem Leben, eine Signatur, die hinausreicht über die Zeit: Eine geliebte Seele bin ich. Herzlich willkommen!

So oder so

Ein Tor, das verschlossen bleibt. Unverrichteter Dinge wieder gehen müssen.
Eine Tür, die sich öffnet. Auf dem Tisch Kaffee und Kuchen.

Ein Zaun, der hochgezogen wird. Abgeschottet, was Zukunft hätte heißen können.
Ein Barriere, die aus dem Weg geräumt wird. Neues Land, um es zu erkunden.

Eine Grenze, die überwacht wird: Du bist hier nicht erwünscht!
Ein Schlagbaum, der nach oben geht: Komm rein! Wir schaffen das.

Eine Sperre im Weg. Du siehst den Ort schon, den du erreichen wolltest.
Ankommen dürfen. Endlich am Ziel, das so lange vor Augen war.

Nicht einmal eine Absage auf das hundertachte Bewerbungsschreiben.
Schwarz auf Weiß: Ein Termin für ein Vorstellungsgespräch.

Die Diagnose, die einen Strich durch alle Pläne macht.
Alles in Ordnung – vor dir die Straße der Möglichkeiten.

Die Dauerwarteschleife. Am Ende einer, der sich als nicht zuständig erklärt.
Eine freundliche Stimme fragt: Was kann ich für dich tun?

Dr. Heimat

Im Jahr 2019 gewann Saša Stanišić für sein Werk „Herkunft“[2] den deutschen Buchpreis, der alljährlich zur Eröffnung der Frankfurter Buchmesse verliehen wird.

Stanišić erzählt die Geschichte seiner Familie, hin und her bewegt er sich zwischen winzigen bosnischen Dörfern und deutschen Städten, zwischen der Erfahrung, fliehen zu müssen, und dem Gefühl, anzukommen und willkommen zu sein.
Stanišić wurde 1978 in der bosnischen Kleinstadt Višegrad geboren. Als 1992 dort der Krieg ausbricht, flieht seine Mutter gemeinsam mit ihm, dem damals 14-Jährigen, vor den hagelnden Bomben nach Heidelberg, wo ein Onkel lebt.
Eine Wohnung findet die Familie etwas außerhalb, im Emmertsgrund, dessen hohe Betonbauten von weither zu sehen sind.
Doch auch bessere Wohngegenden gibt es hier, Straßen mit Einfamilienhäusern, die von gepflegten Gärten umgeben sind. Hier trifft der Junge einen Mann, der über den Zaun ein Gespräch mit ihm beginnt; so gut das eben geht in der noch fremden Sprache.
Da weiß Saša noch nicht, dass dieser Mann ein Zahnarzt ist, der nebenbei sein ruinöses Gebiss wahrnimmt.
Bald darauf behandelt dieser Zahnarzt nicht nur Saša Stanišić, sondern seine ganze Familie. Krankenversichert ist keiner von ihnen, der Arzt macht seine Arbeit, die zahlreiche Sitzungen umfasst, umsonst.
Doch nicht nur kaputte Zähne wollen versorgt sein. Der Zahnarzt erfährt von dem Jungen, dessen Zähne er repariert, wie traurig und verloren vor allem sein Großvater sei, in dieser für ihn so neuen und fremden Umgebung. Beiläufig fragt er den Jungen, ob es etwas gibt, was der Opa gern unternimmt.

---

2 Saša Stanišić. Herkunft, München 2019.

Nur wenig später hat er sich um Angelscheine gekümmert und lädt den traurigen Großvater samt seinem Enkel zum Angeln ein. Gemeinsam fahren sie an den Neckar und werfen ihre Köder aus. Der Zahnarzt hat für alle Brote gestrichen. Dazu gibt es Saft und Bier.

Wie der Zahnarzt heißt, erfahren wir nicht. Doch verleiht Saša Stanišić ihm einen Ehrentitel in seinem Buch. Er nennt ihn: „Dr. Heimat".
Denn dieser Mann hat dem Jungen vermittelt, was das Wort „Heimat" in seiner eigentlichen, schönen Form bedeutet: Es ist ein integrierender Begriff, der die hineinholt ins eigene Haus, die keines mehr haben.
Dr. Heimat versteht, Besitz und Begabung, Alltag und Leben zu teilen.
Mit einem umfassenden Blick nimmt er wahr, was für die Heimatverlorenen not-wendig ist, was ihre Not wenden kann.

Und so sorgt er zunächst für ihren Leib und bringt ihre Zähne in Ordnung, ja. Aber dann kümmert er sich auch um ihre Seelen: Er sieht Sehnsucht und Heimweh, Traumata und Traurigkeit. Und er fragt sich, was er tun kann, um ihren Schmerz zu lindern und ihnen Freude ins Gesicht zu zaubern.
Saša Stanišić hat Dr. Heimat in seinem Buch ein Denkmal aus Worten gesetzt.
Er selbst hat in Deutschland ein zweites Zuhause gefunden, hat Menschen getroffen, die ihn gesehen und gefördert haben, hat hier studiert und die deutsche Sprache so erlernt, dass er darin Bücher zu schreiben vermag.
Heute lebt er mit seiner Familie in Hamburg.

Gebet: Festmahl

Guter Gott,
weiter als meine Fantasie reicht deine Güte.
Von Osten und Westen, von Norden und Süden:
Alle lädst du uns ein zum Festmahl an deinen Tisch.

Noch aber fehlt so vielen das Brot,
noch fehlt so vielen die Freude am Leben
und manche Menschen haben keinen Grund zum Feiern.

Öffne mir Augen und Herz,
damit ich schon jetzt deine Güte
wahrnehme und weitergebe:

diesen Vorgeschmack
auf dein Reich.

Herzlich willkommen!

Roter Backstein, dunkle Dachziegel, zur Straße hin zwei Fenster im Erdgeschoss und eins oben drüber. Ein Garten, der etwas wilder ist als üblich. Und auf dem Rasen bleiben die Gänseblümchen stehen.
Eigentlich ein recht unscheinbares Haus.

Für mich aber ist es ein ganz besonderes.
Hier wohnen Menschen, die ich Freund*innen nenne. Hier bin ich gern gesehen.

Auch, wenn ich unangemeldet hereinschneie, heißt es: Schön, dass du da bist!
An der Tür ziehe ich meine Schuhe aus, und es ist egal, ob der große Zeh aus der Socke schaut.

Dann steht im Handumdrehen eine Tasse Kaffee auf dem Tisch. Immer scheint dafür Zeit zu sein.
Hier lesen Menschen in meinem Gesicht und entschlüsseln mein Schweigen. Hast du etwas auf dem Herzen?

Ich spreche aus, was ich anderswo verberge. Hier hört jemand mir aufmerksam zu. Und wenn ich gehe, fühlt sich mein Leben etwas leichter an.

Auch, wenn es bisher nicht nötig war, weiß ich: Ich dürfte anrufen, selbst mitten in der Nacht.

Ja, für mich ist dieses Haus ein besonderes.
Auf den Steinen steht mit unsichtbarerer Schrift und doch deutlich lesbar für mich: Herzlich willkommen!
Und die Fenster: Manchmal scheint mir, sie lächeln mir zu.

Leicht sein

Manchmal
geht mein Engel
mit mir spazieren
und ich merke es nicht.

Erst hinterher frage ich mich,
warum mir der Rucksack
fast leer vorkam
und auf dem Weg
keine Stolpersteine zu sehen waren.

Ich wundere mich,
dass ich im Straßenverkehr
unversehrt blieb
und böse Worte
mein Ohr nicht erreichten.

Ja, lag nicht sogar
ein Lächeln auf manchen Gesichtern
und steckte mich an?

Und dann, dann ist es plötzlich
einige Augenblicke lang so,
als seien meine Schritte leicht.

So leicht.
Es fehlte nicht viel
und ich höbe ab.

Segenswunsch: Willkommen sein

Ich wünsche dir die Erfahrung,
willkommen zu sein.
Sie gibt dir verlässlichen Boden
und Vertrauen für deinen Weg.

Sie öffnet dir die Augen
für Schönes am Rande
und für den Lichtstreif
am Horizont.

Sie macht dich stark,
auch steile Strecken zu meistern,
und hilft dir, aufzustehen,
wenn du gefallen bist.

Sie weckt in dir den Wunsch,
dich zu verschenken,
und nimmt dir die Angst,
dich selbst darüber zu verlieren.

JANUAR:
Der Verheißung trauen

Jesus Christus spricht: Kommt und seht!
JOHANNES 1, 39 (L=E)

Kommt und seht!
(zu Johannes 1, 35ff.)

Sie hätten zu Hause bleiben können, als Jesus vorüberging.

Zu Hause, in ihrem gewohnten Leben. Es hat ja was für sich, den Tag schon zu kennen, der eben beginnt. Getragen von einer Routine, die sich bewährt hat. Das Neue ist leicht zu verkraften, es ist geplant und wohl überlegt.

Doch da ist dieses Versprechen: Er, der da vorübergeht, ist der, auf den wir gewartet haben. Der Himmel steht über ihm offen.

Plötzlich lockt da ein anderes Leben als das gewohnte. Wer ihm folgt, für den könnte alles anders werden und neu. Doch was heißt das: neu? Es wäre schön, das etwas genauer zu wissen.

„Meister, wo wirst du bleiben?“, fragt einer. „Wo geht es hin, wenn wir dir folgen? Wie wird das Leben aussehen in deiner Nähe?“

Aber es gibt keine klare Antwort.
Der Werbefilm, der in zartverwischenden Farben ein Happy End vor die Augen malt: Er bleibt aus.

Und da ist auch kein Navigationssystem, bei dem eine Stimme am Ende sagen wird: „Sie haben Ihr Ziel erreicht.“

Diese drei Worte nur: „Kommt und seht!“

Die beiden schauen sich an: bleiben oder gehen?

Und schon stehen die Einwände in der Tür, wie alte Bekannte, die sie nicht eingeladen haben. Und schon reden sie auf die beiden ein:

„Ich weiß nicht so recht“, sagt die Skepsis. „Wäre es nicht besser, bei dem zu bleiben, was du hast? Du weiß ja nicht, was du bekommst!“

„Dir geht es doch gut!“, sagt die Bequemlichkeit. „Du hast alles, was du brauchst, ja, sogar etwas mehr. Warum etwas ändern?“

„Viel zu riskant“, erklärt der Zweifel. „Erinnere dich, wie oft du schon reingefallen bist auf Versprechungen. Meist waren sie leer.“

„Ich kenne mich aus“, sagt die Enttäuschung. „Ich habe schon alles erlebt. Sag nicht, ich hätte dich nicht gewarnt!“

„Lieber nicht!“, sagt die Angst. „Du wirst dich zurücksehnen, wirst Heimweh bekommen nach dem, was war.“

Und nur die drei Worte: „Kommt und seht!“

Sie hätten zu Hause bleiben können, als Jesus vorüberging.
Zu Hause, in ihrem alten Leben.

Ein Nest nur

Leben heißt weiterziehen,
dein Haus ein Nest nur, gebaut
aus zerbrechlichen Halmen,
kein Dach, das den Regen fernhält,
keine Lampe gegen das Dunkel in dir.

Ein Nest nur, über dem doch
der Himmel offen steht
und du gelegentlich
einen Stern entdeckst,
der dich in ferne Fremde lockt.

Gebet: Wagemut

Gott,
manchmal traue ich mich nicht,
deine Verheißungen zu betreten.
Es scheint mir zu riskant,
das Alte hinter mir zu lassen.
Und ich verzichte darauf,
mein Leben zu verändern.

Schenk mir Wagemut,
dir zu vertrauen,
öffne mir die Augen
für Wolken- und Feuersäule
in meinem Leben.
Lass mich entdecken:
Wohin ich auch gehe,
du bist da.

Den Engeln Farbe verleihen

Eine Sandsteinplatte aus hellem Graugelb, aufgestellt in einer Kirche. Unscheinbar, von weitem hebt sie sich kaum ab von der Wand dahinter. Aufmerksam werde ich, weil ein kleiner Fleck darauf angemalt ist. Er ist nun von weitem zu sehen und macht mich neugierig.

Ich trete näher heran.
Der Künstler hat kräftige, glänzende Farben aufgetragen, blau, rot und gold. So hat er die Konturen im Stein sichtbar gemacht: Aus blassem Ocker hebt sich nun ein einzelner Engel hervor. In seinen Händen hält er eine Leier.

Jetzt schaue ich mir den ganzen Sandstein genauer an. Und ich stelle fest: Dieser Engel ist nicht allein. Ein ganzes Orchester ist hier eingemeißelt, geflügelte Wesen, Engel an Engel, jeder von ihnen mit einem andern Instrument.
Alle außer dem einen verharren noch im Stein. Unentdeckt, als warteten sie noch darauf, dass einer sie wahrnimmt und ihnen Farbe verleiht.

Was, wenn die Welt voller Engel wäre? Farblose Wesen, versunken im Alltagsgrau? Die Nachbarin zur linken Seite, der Verkäufer im Supermarkt, ja, Sie und ich: Wir gehören auch dazu. Wie schön wäre es, wenn aufscheinen dürfte, was uns zu Engeln macht. Und wie schade, wenn es verborgen bliebe.

Wie ließe sich zum Glänzen bringen, was in uns steckt?
Ich denke daran, wie ein Lob mich erröten lässt. Ich fühle mich beflügelt und angespornt.
Und umgekehrt nehme ich vielleicht ein Talent beim anderen wahr, von dem er selbst noch nichts weiß. Wie ließe es sich zum Leuchten bringen?

Ich schaue noch einmal auf das Relief. Mit dem Finger fahre ich über einen der Engel, der noch im Graugelb verharrt. Ich spüre seine Konturen, sein Instrument, es ist eine Geige.
Ich stelle mir vor, wie eine Künstlerin kommt, mit Farben und Pinsel bearbeitet sie den Stein. Engel um Engel erscheint. Einer nach dem anderen stimmt sein Instrument. Und dann beginnen sie, gemeinsam zu spielen. Und der Raum füllt sich mit himmlischen Klängen, die bis in den letzten Winkel dringen.

Identitätskrise

Das Wunder ist ziemlich verschreckt.
Sein Geheimnis wurde erläutert und somit für nicht existent erklärt.
Entmythologisiert, sagte man.
Es fühlt sich, als habe ihm einer den Pass weggenommen.

Das Wunder schaut in den Spiegel und erkennt sich nicht mehr.
Wer bin ich, fragt es sich, wenn niemand mich wahrnimmt?
Gibt es mich noch, wenn es mich nicht mehr gibt?
Nennt einer mich noch beim Namen?

Das Wunder weiß keine Antwort.
Nie hat es in so einer Identitätskrise gesteckt.
Ach, wäre ich unsichtbar, denkt es.
Dann verkriecht es sich in seinen Fragen und verstummt.

Segenswunsch: Ungelebt

Spürst du es auch?
Das ungelebte Leben
neben dem, was ist?

Es lockt dich mit dem,
was sein könnte.

Ich wünsche dir
den beharrlichen Mut,
hin und wieder
die Einwände hinter dir zu lassen
und seiner Verheißung
stärker zu trauen
als deiner Angst.

FEBRUAR:
Den Zorn verwandeln

Zürnt ihr, so sündigt nicht; lasst die Sonne nicht über eurem Zorn untergehen.
EPHESER 4, 26 (L)

Nach dem Streit

Er knallt die Tür hinter sich zu. Raus nach dem Streit. Die dicke Luft hinter sich lassen, durchatmen können.
Er geht runter zum Fluss, in schnellem Tempo, hart setzt er die Schritte auf und stampft seine Wut in den Boden.
Ein kleiner Anlass nur. Wieder mal eskaliert. Ein Wort hatte das andere nach sich gezogen, sie waren laut geworden, beide.

Nach und nach werden seine Schritte ruhiger. Ein Windzug streift durch sein Haar. Er bleibt stehen und atmet tief aus und ein.

Sein Blick fällt auf die Stadt, weichgezeichnet liegt sie vor ihm im Abendlicht. Die Mauern röter, die Gräser am Flussufer grüner. Hier und da leuchtet ein Löwenzahn, wie eine kleine Lampe am Weg.

Immer dieselben Themen, bei denen wir nicht weiterkommen, denkt er. Immer die alten Rechnungen. „Du hast aber …“ „Ja, aber du …“
Immer dieselben Worte. Wie Textbausteine: „Hörst du mir überhaupt zu?“ „Du verstehst nicht, was ich meine!“

Ja, denkt er, es stimmt. Wir verstehen einander nicht. Als sprächen wir verschiedene Sprachen.
Er hört sich selbst seufzen. Ein Übersetzer wäre gut, denkt er. Eine Dolmetscherin in Beziehungsfragen.

Ein Stückchen geht er noch, in den Fenstern spiegelt sich orangerot das Licht. Krähen sitzen in den Weiden und geben ein dissonantes Konzert.

Schließlich dreht er um. Die Sonne steht als purpurne Scheibe über dem Horizont. Und auch der Himmel beginnt, sich zu färben. Orange scheint ins Blau zu fließen, Rosa und Gelb vermischen sich und verwischen einander. Als sei ein*e Maler*in am Werk.

Langsam geht er weiter und genießt die kühler werdende Luft. Und auch mein Zorn hat sich abgekühlt, denkt er verwundert.

Er schaut zu, wie die Sonne untergeht. Der Fluss nimmt ihr Farbenspiel auf und spiegelt es wider. Klar und scharf am Ufer, unruhig dort, wo das Wasser fließt und verwirbelt.

Er stellt sich vor, dass der Fluss seine Wut mitnimmt, hin zum Meer, wo sie sich in der Weite verliert.
Wenn er zurück zu Hause ist, wird er vorschlagen, sich gemeinsam beraten zu lassen.

Zürnt ihr, so sündigt nicht!

Oh ja, diese Ermahnung brauche ich manchmal. Auch, wenn ich es nicht gerne zugebe.

Zorn hat die eruptive Kraft eines Vulkans. Glühend kann er sein, mich rasend machen. Als sei ich von Sinnen.

Er zeigt mir eine bedrohliche Seite in mir, die mir fremd ist. Gern würde ich sagen, sie gehöre nicht zu mir. Einfach leugnen. „Das war ich nicht". So wie damals als Kind.

Wenn ich zornig bin, habe ich manchmal Rachefantasien, in denen ich sehr kreativ sein kann. „Dem werde ich's zeigen!" Hinterher erschrecke ich dann über mich selbst und schäme mich: Wie konntest du so außer dir sein?

Zorn hat geradezu verführerische Kräfte. Wenn ich ihnen folgte, könnte ich Dinge tun, die ich später bereue.

Zürnt ihr, so sündigt nicht.

Erkunde die Möglichkeiten, die du hast, sagt diese Ermahnung im zweiten Schritt. Welche Rolle willst du dem Zorn einräumen auf der Bühne des Lebens?

Klar, ich kann meine Wut hegen und pflegen und nähren. Kann mich wieder und wieder an die Anlässe erinnern, die sie auslösen. Ich führe mir die alten Szenen vor Augen, bis die Wut wieder hochkocht in mir.
Dann wird der Zorn zum Groll, der die Macht hat, mein Leben bitter zu machen, ja, es zu vergiften.

Herunterschlucken möchte ich meinen Zorn aber auch nicht.
Er liegt so schwer im Magen und rumpelt in mir weiter wie Wackersteine.
Manchmal lähmt er mich geradezu, macht mich handlungsunfähig oder gar depressiv.

Zürnt ihr, so sündigt nicht.

Gib dem Zorn nicht die Macht über dich, sagt mir der Satz als drittes.

Tritt einen Schritt zurück, damit du Distanz zu ihm gewinnst. Und schau ihn eine Weile von außen an. Nimm ihn genau wahr, erkunde ihn und sortiere seine Facetten.

Was ist hässlich und destruktiv: Welche Türen schlägt die Wut zu, wenn ich mich ihr überlasse?

Wo kann ich meinen Zorn verrauchen lassen? Vielleicht lässt sich ein Fenster öffnen, damit die dicke Luft abziehen und ich freier atmen kann.

Wann täte ein reinigendes Gewitter gut, das frische Luft mit sich bringt und mich klarer sehen und handeln lässt?

Und wo steckt ein geradezu heiliger Zorn in mir, Zorn, den ich mir bewahren möchte?
Wie lässt sich dessen eruptive Kraft in Bahnen lenken, damit er sein kreatives Potential entfalten kann?
Wo finde ich Verbündete, damit er zum Nährboden wird, der Gutes hervorbringt?

Gebet: Verwandlung

Guter Gott,
ich möchte lernen,
meine Wut am Abend dir zu überlassen,
eine Nacht darüber zu schlafen
und sie am Morgen
verwandelt vorzufinden.

Manchmal staune ich,
was du und die Zeit
daraus machen können:

Unbeirrbaren Mut,
kreative Ideen,
versöhnliche Worte.

Gruß aus der Zukunft

Einmal ließ er die Erde untergehen über seinem Zorn.
Wolken verdunkelten die Sonne. Regen fiel und überschwemmte das Land. Nur ein Lebensrest schaukelte auf den Wellen, Arche genannt.

Als endlich sein Zorn abebbte und die Wasser sanken, kam nach dem Raben der Friedensvogel mit dem Zweig im Schnabel geflogen.

Da war die Erde fast wieder wie am Anfang. Ein Tohuwabohu. Doch nicht wüst und leer, sondern verwüstet und leer. Licht und Dunkel teilten sich Tag und Nacht.
Und er, er war wieder allein. Er merkte es an der Stille, die sich ausbreitete über der Welt.

Das hätte das Ende sein können.
Denn wer ist Gott ohne ein Gegenüber?

Doch waren ja noch welche da, samt ihrer Kinder.
Die glaubten noch an ihn, als er selbst sich verlor.
Wohlgeruch stieg auf von einem Altar und erreichte ihn.
Wie ein Gruß aus der Zukunft stieg er ins Himmelsblau.

Und Gott schämte sich und bereute.
Ich will hinfort nicht mehr, schwor er und gab sein Verspechen.

Einmal verzieh die Erde Gott seine Fehler.
Wieder krochen die Pflanzen aus der Erde und ließen sie blühen.
Tiere sprangen über das Gras, Fische tummelten sich im Wasser.
Wenn es regnete, schillerten Farben.

Einmal heizten sie die Erde auf mit ihrer Gier.
Bäume welkten, Felder verdorrten.
Feuer und Dürre machten die blaue Murmel aschgrau.
Da war die Erde fast wieder wie einmal schon.
Ein Tohuwabohu. Verwüstet und leer.

Glaubt einer noch an uns Menschen?
Schreibt eine die alte Geschichte ins Heute?
Wird uns ein Gruß aus der Zukunft erreichen, der uns zur Umkehr bewegt?
Wird die Erde auch uns verzeihen?

Segenswunsch: Zorn entdecken

Ich wünsche dir Disziplin,
um deinen Zorn einzufangen
und ihn im Zaum zu halten,
ihn zu zähmen und zu zügeln
und ihn in gute Bahnen zu lenken.

Die nötige Distanz
wünsche ich dir,
um deine Wut
wie von außen anzuschauen
und sie nicht abzutun
oder dich ihrer zu schämen.

Ich wünsche dir,
dass du entdeckst,
was in dir steckt:

eine gewittrige Kraft,
die Wolken verschieben kann
ein Düsenantrieb,
der Visionen himmelwärts schickt,

scheue Träume,
die sich in der Enttäuschung verbergen,
eine feine Weisheit,
die Knoten lösen kann

und eine Schönheit
hinter der Weigerung,
dich abzufinden.

Ein Sieg über sich selbst[3]

Wütend stapfte er durch den Schnee, die kleine Schwester neben sich, die tapfer versuchte, Schritt zu halten. Flocken umtanzten die beiden, dazu die diesige Luft, sodass man die Hand kaum vor Augen sah.

Die Sonne war untergegangen, als es sich ereignete, am Abend zuvor.
Wieder einmal war der Vater im Wirtshaus gewesen. Die Mutter war mit der großen Schwester losgefahren, die sollte ihn holen. Aber sie wollte nicht. Nichts zu machen.
Schimpfend war die Mutter zurückgekehrt und hatte ihn zum Auto gezerrt. „Dann diesmal du!“
Sein hämmerndes Herz vor der Tür. Spießrutenlauf durch die Gaststube, die Blicke der anderen im Rücken. Der Wortwechsel mit dem Vater, dessen Zunge so schwer zu sein schien. Im Rücken die tuschelnden Stimmen an den Tischen, als der vor ihm her stolperte, zur Tür hinaus.

Hart stampfte er nun die Füße in die verharschte Schneedecke unter dem frisch gefallenen Flaum.

Nein, sein Zorn hatte sich über Nacht nicht davongemacht.

Und so schlug er die Hand aus, die seine kleine Schwester ihm reichte. Lass mich in Ruhe.
Und dann hatte er sie einfach stehen lassen. War selbst den kürzeren Weg gegangen, den sie sich allein nicht traute. Er hatte es satt, ihr Beschützer zu sein.

In der Nähe kläffte der Hund. Vor dem hatte die Kleine solche Angst.
Aber ich habe keine Angst vor dir, dachte er kämpferisch. Fest schloss

---

3 inspiriert von: Christoph Ransmayr, Mädchen im Wintergewitter, in: ders., Atlas eines ängstlichen Mannes, 4. Aufl., Dezember 2012.

sich die Hand um einen dicken Stein. Werfen, das konnte er. Komm nur, du Scheißvieh, du wirst schon sehen!

Dicht wirbelten die Flocken um ihn herum. In der diesigen Luft konnte man keine zwanzig Meter weit gucken. Er dachte an seine Schwester. Sollte sie sehen, wie sie allein klarkam. Sollten doch alle sehen, wie sie allein klarkamen. Und ihn einfach in Frieden lassen.

Über ihm grollte es.
Da zog wohl ein Wintergewitter auf. Er zog die Jacke fester um sich. Es blitze. Eins, zwei, drei, zählte er die Sekunden, bis es donnerte. Sechs waren es.

Und seine kleine Schwester allein. Mit ihrer Angst vor dem Hund. Mit ihrer Panik bei Donner und Blitz. Er sah sie nun vor sich: Die kleine Gestalt, fast verschluckt vom Schnee. Erstarrt vor Entsetzen. Und der Hund bellte.

Kalt trieb ihm der Wind eine Ladung Schnee ins Gesicht. Sein Zorn war wie weggeblasen.
Ich muss sie suchen, dachte er. Nun rannte er, stolperte, fiel, rannte weiter.

Als er sie endlich sah, kamen ihm fast die Tränen. Sanft legte er ihr die Hand auf die Schulter.

Wieder bellte der Hund. Er würde ihr nichts anhaben können. Nun nicht mehr.
Ihr großer Bruder war stark. Stärker als vorher noch.
War gewachsen am Sieg über sich selbst.

MÄRZ:
Beharrlich beten, geduldig leben

Hört nicht auf, zu beten und zu flehen! Betet jederzeit im Geist; seid wachsam, harrt aus und bittet für alle Heiligen.
EPHESER 6, 18 (E)

Verbunden im Geiste, jederzeit

März 2020. Zwei Jahre ist das jetzt her. Da nahm das hässliche Virus mit dem schönen Namen die Welt in den Griff: Corona.

Wir mussten neue Worte lernen: Social Distancing, soziale Distanz. Mussten Abstand halten, Maske tragen.
Und dann der „Lockdown“: Die Läden geschlossen, die Flughäfen fast leer.
Homeoffice: zu Hause arbeiten, Treffen über das Internet.

Die Innenstädte, in denen sich sonst das Leben tummelte: menschenleer. Cafés, wo man bei schönem Wetter schon hätte draußen sitzen können, mit einer Decke über den Knien: geschlossen. Feiern und Feste: abgesagt. Konzerte, Lesungen, Theater: gestrichen.

Was bisher eher als unhöflich galt, war plötzlich geboten:
Kein Händeschütteln, wenn man einander im Supermarkt traf, keine Umarmung. Und Gespräche bitte allenfalls mit Sicherheitsabstand.

Eine Weile ließ sich das einigermaßen aushalten. Doch mit der Zeit wurde es immer schwerer. Wie schön wäre es, nicht nur zu telefonieren, zu mailen oder zu skypen.
Wie gut täte es, sich wieder einmal treffen zu können, von Angesicht zu Angesicht, hautnah.
Wir brauchen einander doch, brauchen die Nähe zueinander. Reden, hören, verstehen. Lachen, weinen, feiern.

Wie können wir verbunden bleiben, auch, wenn wir einander nicht sehen und treffen können?

Was im Monatsspruch fast mahnend klingt, wirkt auf mich im Rückblick wie eine Einladung. Drei Worte machen es dazu:

Im Geist. Jederzeit.

Im Geist: Eigentlich ist das Gottes Weise, uns nahe zu sein. Als Jesus die Erde verlässt, schickt er den Heiligen Geist. Trösterin und Inspiration.

Ich stelle mir diesen Geist einmal vor wie einen Raum, der sich betreten lässt. Jederzeit.

Eine Tür ist das Gebet.
Die sorgsam gewählten Worte.
Oder der Seufzer, den ich zum Himmel schicke.
Das Denken aneinander, beim Spazierengehen oder Klavierspielen.

Die Tür steht offen. Jederzeit.

Manchmal scheint dieser Raum warm, ich bin geborgen.
Manchmal ist er weit, ich komme auf neue Ideen.

Ich bin verbunden in diesem Raum. Mit dem, den ich Gott nenne.

Und auch mit den Menschen. Hier kann ich ihnen nah sein im Geist, der uns umfängt.
Hier hat Platz, was mich bedrückt. Ich spreche meine Sorgen aus.
Ich bitte für Menschen, die mir am Herzen liegen.
Ich lege Gott unsere Zukunft ans Herz: Bleib nah. Erbarme dich. Schenk uns von deiner Kraft. Und segne uns.

Ich besinne mich auf das, was schön ist, trotz allem.
Danke sage ich für all die Menschen, die „den Laden am Laufen halten".
Danke für die kleinen Dinge. Den Frühling, der unaufhaltsam seine Blüten treibt. Osterglocken, Blausterne, Forsythien und Magnolien. Sonne und Wind, die meine Haut berühren.

Nein, all das hebt die Sehnsucht nicht auf, nicht den Schmerz über das Alleinsein. Aber ich bin darin gehalten.
Ich kann etwas tun. Im Geist kann ich bei anderen Menschen sein, nicht nur bei denen, die mir nahe stehen, sondern auch bei solchen, die ich gar nicht kenne.
Ich trete in eine Distanz zur Situation. Manchmal tröstet mich das. Und es gibt mir Kraft, auszuharren, die Zeit zu überstehen.

Bis wir einander wieder begegnen, uns wiedersehen und in die Arme schließen können. Hautnah. Von Angesicht zu Angesicht.

Karfreitag

Gott steigt hinab,
weint mit den Weinenden,
verzweifelt am Zweifel,
verkümmert am Kummer,
stirbt mit den Sterbenden.

Bleibt nah denen,
die am Boden sind.
Und schreibt sich
bis heute ein
in die Geschichten
der Menschen.

Danken üben

Ich traf eine Frau, die das Danken geübt hatte. An jedem Abend den Tag noch einmal an sich vorbeiziehen lassen. Drei Dinge aufschreiben, die schön waren und gutgetan haben.
Dann wurde ihr Kind krank. Wochenlang war sie in großer Sorge. Das Leben spielte sich auf einer Station in der Klinik ab, es war reduziert auf Bett, Tisch, den langen Gang, einen Aufenthaltsraum. Das Zimmer teilten die beiden mit anderen. Fremde Menschen, eine weitere schwere Geschichte im Raum, zwei Betten am Tag, dazu zwei Liegen in der Nacht. An ihrem Ritual hielt die Frau fest. Abend für Abend nahm sie ihr Büchlein und den Stift zur Hand. „Du wirst es vielleicht nicht glauben“, sagte sie. „Aber drei Dinge, die gut waren, findest du an jedem Tag!“

Gebet: Nicht selbstverständlich

Gott, heute danke ich dir
für das, was uns hilft,
einander nah zu sein,
wenn wir uns nicht treffen können.

Briefe, Telefonate,
soziale Medien,
gute Gedanken und das Gebet.

Danke für ein Lächeln,
ein zärtliches Wort
und die Wärme,
die wir einander schenken,
auch, wenn wir uns nicht umarmen können.

Danke für die Zeichen des Lebens,
die wie wortlose Grüße
vom Himmel erscheinen:

Sonnenschein oder Glockenläuten,
eine Spiegelung im Fluss
und der Duft der Veilchen.

Wieder und wieder

„Leichte Stücke" steht auf dem Umschlag. Klaviermusik, die Wolfgang Amadeus Mozart als Kind komponiert hat.

Ich bin kein Kind mehr. Und ein Genie bin ich leider auch nicht. Trotzdem war es schon lange mein Wunsch, Klavier spielen zu lernen. Und jetzt ist es so weit: Zum ersten Mal spiele ich etwas von Mozart.

Aber für mich sind die Stücke nicht „leicht". Ich merke, dass ich zum Lernen viel länger brauche als früher. Manchmal möchte ich aufgeben: „Es hat wohl doch keinen Sinn!"
Mein Klavierlehrer beweist eine Engelsgeduld. Er erklärt mir, wie ich die schwierigen Stellen üben kann. Alles wird in kleine Segmente zerlegt. Erst mit der einen Hand, dann kommt die andere dazu. Und dann umgekehrt. Später der größere Zusammenhang.
Wieder und wieder.
Und dann gibt es Stellen, die wollen einfach nicht klappen. Bei denen kommt es auch darauf an, die Angst zu verlieren.

Üben, üben, üben.
Wieder und wieder. Und irgendwann klappt es. Leicht gleiten die Finger über die Tasten. Nicht nur einmal. Auch beim zweiten und dritten Mal stimmt alles. Als habe jemand einen Hebel umgelegt.

Aber was genau hat den Wendepunkt bewirkt? Es wäre schön, das zu wissen, dann ließe sich vielleicht manche Mühe sparen. Leider ist es nicht so. Der ganze Weg will gegangen sein.
Irgendwann kaufe ich ein Heft mit neuen Stücken. „Mittelschwer" steht auf dem Cover.
Ich freue mich über die Fortschritte. Darüber, dass ich „drangeblieben" bin. Und über die Wendepunktmomente.

Das will ich mir auch fürs Leben merken. Geduld bewahren. Vertrauen probieren. Wieder und wieder.
Zuversichtlich bleiben: Einmal wird sich das Blatt wenden.
Und ich werde in und an dieser Zeit gewachsen sein.

Segenswunsch: Beharrlich bleiben

Weiterbeten,
auch wenn dir der Glaube
abhanden kommt.

Weitergehen,
selbst wenn die Nacht
den Weg überschattet.

Weiterblicken,
auch wenn der Augenschein
dagegenhält.

Weiterhoffen,
selbst wenn der Zweifel
Bände spricht.

Ich wünsche dir,
dass du beharrlich bleibst,
unbeirrbar im
Glauben, Lieben, Hoffen.

APRIL:
Das Leben wahrnehmen

Maria von Magdala kam zu den Jüngern und verkündete ihnen: Ich habe den Herrn gesehen. Und sie berichtete, was er ihr gesagt hatte.
JOHANNES 20, 18 (E)

Tür ins Leben

Es gibt Menschen,
die haben den Blick ins Grab gewagt.
Und was sie sahen,
war nicht nur dunkel.

Es gibt Menschen,
die schämten sich ihrer Tränen nicht.
Und dann kam einer
und sprach mit Worten aus Licht.

Es gibt Menschen,
die trafen auf Unbekannte,
und sie redeten mit ihnen,
als seien sie einander lange vertraut.

Es gibt Menschen,
die gehen verwandelt.
Sie sehen dich an, mit hellem Blick,
und öffnen dir eine Tür ins Leben.

Ostertraumzeit

I.

(Heinke Willms)

Ostersamstag.
Es plitschert, als die Welle an den Strand rollt.
Wind streift mein Gesicht. Ich hebe eine Herzmuschel auf.
„Wie gut, hier zu sein", denke ich. Spontan habe ich diese Inselzeit vor ein paar Tagen gebucht.

Eine Möwe segelt über das Wasser. Mir fallen Psalmworte ein: „Nähme ich Flügel der Morgenröte und bliebe am äußersten Meer, so würde auch dort deine Hand mich halten…."
Erinnerungen kommen.
Wir, zu dritt, barfuß im Wasser. In der Mitte unsere Mutter, an jeder Seite eine ihrer Töchter. Wir halten sie, meine Schwester und ich. Untergehakt stehen wir da, Mützen auf dem Kopf und warme Jacken an.
Herbstmeer.
Auch, wenn sie schon etwas wackelig ist und das Wasser kalt – es muss sein. Strümpfe aus und wie früher: Fußbad in der Nordsee.

Wie viele Jahre ist das her? Drei oder fünf?
In diesen Jahren wurde sie gebrechlich und immer vergesslicher.
„Ick wull, dat ick int Hemel weer", sagte sie nun oft und fügte hinzu: „Mi word de Tied all lang".

Vor zehn Tagen ist sie gestorben. In der vergangenen Woche haben wir sie beerdigt.

Eine Welle bricht, nun schon lauter. Die Flut hat begonnen.
Ich tauche aus meinen Gedanken auf und laufe weiter am Strand entlang.

In der Osternacht träume ich: Meine Mutter liegt da, tot – und doch als schliefe sie. Plötzlich schlägt sie die Augen auf, setzt sich aufrecht hin und steigt aus dem Sarg. Kräftig sieht sie aus, gesund und fröhlich. Und dann ist sie verschwunden.
„Sie ist auferstanden", ist mir traumgewiß klar.
Als ich aufwache, muss ich lachen. Ich freue mich über die Bilder, die die Nacht mir geschenkt hat.

Am Ostermorgen mache ich mich auf den Weg in die Inselkirche. Gemeinsam hören wir das Evangelium und singen die vertrauten Lieder. Ihre Worte klingen heute ganz neu.
Nach dem Gottesdienst gehe ich zum Strand. Ich setze mich an die Dünen und nehme Sand in die Hand.
Er rinnt zwischen meinen Fingern hindurch – weich und sanft fühlt es sich an.

Ich nehme mein Handy und schreibe an meine Schwester. Ich erzähle ihr von meinem Traum.
„Ich sitze gerade am Friedhof auf der Bank", antwortet sie, „und lese die Nachricht von deinem Osternachtstraum. Die alte Linde hat schon Knospen, der Kirschbaum blüht. Die Sonne scheint und wärmt meine Haut."

Ich stecke mein Handy ein, ziehe Schuhe und Strümpfe aus und laufe los, den Wellen entgegen.

II.
(Tina Willms)

An einem Ostertag saß ich nach einem langen Spaziergang vor einem Friedhof auf einer Bank. Über mir die Krone einer Linde, die Knospen wuchsen schon, doch noch zögerten die Blätter, sich ans Licht zu wagen. Gegenüber blühte vor einem früh bestellten Feld ein Kirschbaum. Fein vor den Himmel getupft, vom Frühling, diesem Pointilisten.

Ich war erschöpft. Nur wenige Tage zuvor war meine Mutter gestorben, gut eine Woche lag zurück seit dem Tag ihrer Beerdigung.
Meine Augen ruhten sich aus auf den Kirschblüten: Sie rührten mich an. Sonnenstrahlen wärmten meine Haut, die kühl war und vor Trauer dünn.

Da erreichte mich eine Nachricht meiner Schwester. Nicht aus dem Irgendwo, ich hatte mein Smartphone dabei.
Sie habe geträumt, schrieb sie, in dieser Osternacht habe sie geträumt, dass unsere Mutter auferstanden sei.

Ich vor dem Friedhof, über mir strich der Wind durch die Äste der Linde, die ein Jahr später gefällt sein würde. Und gegenüber die hellen Blüten.
Wir tauschten noch ein paar Nachrichten aus. Dann stand ich auf, um weiterzugehen.

Meine Mutter. Ich hatte nicht selbst von ihr geträumt. Meine Schwester hatte sie gesehen, wie sie aus dem Sarg gestiegen war.
Es war ganz klar, es war ein Nachtgespinst, ja, manch einer würde wohl sagen, ein Hirngespinst gar.

Und doch hat es mich getröstet.
Vielleicht, weil der Wind in der Linde wisperte.
Und der blühende Kirschbaum die Auferstehungsbotschaft zu unterstreichen schien.
So wirkte sie glaubwürdiger als an Trauertagen.
Vielleicht.

Ostern[4]

Im Dunkel wartet ein Engel auf dich.
Und Trauernde trifft ein tröstendes Wort.
Einer sagt: Die Toten sind ausgeflogen,
ihre Höhlen bleiben für immer leer.

Über den Gräbern schimmert schon Hoffnung:
Gott hebt uns auf, wenn der Tod uns fällt.
Er ruft unsere Namen in neues Leben
und empfängt uns in einem Haus aus Licht.

---

4 aus: Tina Willms, Erdennah – Himmelweit. Ein Jahresbegleiter zu den Wochensprüchen. Andachten, Gedichte und Gebete. © 2014 Neukirchener Verlagsgesellschaft mbH, Neukirchen-Vluyn, 4. Auflage 2019.

Nah beieinander

Ein seltsamer Kontrast war das, sagt die Witwe. Jeden Tag ging ich spazieren über einen alten Friedhof. Verwitterte Grabsteine, auf denen die Schrift kaum mehr lesbar war. Die Grabumrandungen waren nicht mehr da. Nur eine große Rasenfläche und uralte Bäume drum rum. Und auf dem Rasen blühten die Krokusse. Ein Meer von Krokussen, große Flecken im Grün, weiß, gelb und lila blühten sie.
Wo ich hinschaute, erwachte das Leben neu.
Zu Hause aber lag mein Mann, todkrank. Er lag in seinem Bett, und er starb.
Wie soll man das beides zusammenkriegen? Im Kopf, mit dem Verstand klappte das nicht.
Aber ich brauchte meinen Spaziergang einmal am Tag, die Krokusse auf dem Friedhof, ich brauchte sie, fast gierig sog ich ihre Farben in mich auf.

Ein seltsamer Kontrast ist das. Wir feiern Ostern, feiern das Leben. Jesus ist auferstanden und hat den Tod besiegt.
Draußen erwacht alles Leben neu. Tulpen und Osterglocken blühen und die Kronen der Bäume schimmern schon grün.
Doch wenn wir abends die Nachrichten sehen, dominieren Schreckensmeldungen das Bild. Wie soll man das zusammenbringen, diese Bilder und unser Osterfest? Wo siegt denn da das Leben über den Tod?

Doppeldeutig ist oft unsere Wirklichkeit. Nebeneinander erleben wir Ende und Anfang, nah beieinander liegen Liebe und Hass, Zerstörung und Neubeginn. Wem wollen wir glauben im Wechselbad der Gefühle? Woher wollen wir unsere Kraft beziehen?

Es wechselte, sagt die Witwe. Manchmal war ich zornig und tieftraurig, wenn ich die Krokusse sah. Wie konnten sie blühen, während zu Hause mein Mann starb? Wie konnte das Leben draußen weitergehen, wo sein Leben doch zu Ende ging? Und dann wieder waren die Blumen so tröstlich. Diese zarten Blüten mit ihren kraftvollen Farben. Wie eine liebevolle Geste oder ein Mensch, der versteht.

Lange blieb es ein Hin und Her.
Als ich im Jahr nach seinem Tod die ersten Krokusse sah, habe ich geweint.

Nun sind fünf Jahre vergangen. Inzwischen freue ich mich, wenn ich Krokusse sehe. Ihre Botschaft ist angekommen. Sie lächelt. Das Leben geht weiter, auch für mich. Es setzt sich durch, allen Widersprüchen zum Trotz.

Ostern feiern: das Fest der Hoffnung. Das Leben siegt über den Tod.
Manchmal sind seine Bilder kraftvoll und stark. Manchmal sind sie werbend und zart. Kaum zu erkennen, aber doch da.
Und manchmal feiern wir gegen den Augenschein. Den Bildern des Todes zum Trotz. Wir suchen die Hoffnung noch, suchen das Leben.
Ich will es wagen, der Botschaft zu trauen: Jesus ist auferstanden. Der Morgen ist angebrochen, im Grab ist Licht.

Wir werden leben, hier auf der Erde und in Ewigkeit.

Gebet: Dinge von anderswoher

Gott, ich danke dir für die Dinge von anderswoher:

Menschen, im rechten Moment an Tür oder Telefon.
Worte, die ohne Umweg zu Herzen gehen.
Ein Gedanke, der mir zufliegt, um bei mir zu wohnen.
Die gute Idee beim Schlendern.

Träume, ihre Filme von dem, was werden könnte.
Bilder, die über sich selbst hinausweisen.
Die Lösung für ein Problem, das ich losließ.
Der Segen, den ich mir nicht selbst sagen kann.

Segenswunsch: Himmelssinn

Der Himmel wohnt zwischen den Zeilen,
haust unter den Worten
und versteckt sich in dem,
was nicht sagbar ist.

Er zeigt sich in Bildern
und sprengt ihren Rahmen.
Metaphern sucht er sich
und geht sogleich über sie hinaus.

Ich wünsche dir einen Himmelssinn,
der wahrnimmt, was kaum zu glauben ist,
und doch die Kraft hat, Welten zu verändern,
kleine und große.

MAI:
Alles Gute!

Ich wünsche dir in jeder Hinsicht Wohlergehen und Gesundheit, so wie es deiner Seele wohlergeht.
3. JOHANNES 2 (E)

Mehr als fromme Wünsche

Der dritte Johannesbrief ist eins der kürzesten Bücher der Bibel. Er hat nur ein einziges Kapitel, das fünfzehn Verse lang ist. Der Schreiber, Johannes genannt, wendet sich an Gaius, wohl einen Presbyter einer Gemeinde, in der es Konflikte gibt.

Johannes beginnt seinen Brief mit guten Wünschen für Gaius: Wohlergehen und Gesundheit wünscht er ihm, in jeder Hinsicht, an Leib und Seele. Dann lobt er ihn in den höchsten Tönen:
Gastfreundlich und liebevoll sei Gaius, auch Fremden gegenüber. So handele er im Sinne Jesu.
Johannes stärkt Gaius den Rücken. Denn er weiß, dass der es gerade schwer hat mit seiner offenen Haltung. In der Gemeinde hat ein anderer die Oberhand gewonnen, Diotrephes. Der aber ist abweisend und hart.

Viel mehr erfahren wir nicht. Dennoch zeigt mir dieser kleine Brief einiges darüber, wie ich einen Menschen stärken könnte, der in einer schwierigen Lage ist:

Johannes kennt die Situation seines Gegenübers und geht darauf ein. Ich stelle mir vor, wie er seine Worte genau überlegt, um sie dann mit Tinte und Feder auf das Papier zu bringen. Lieber wäre er vor Ort, um die Situation mit Gaius von Angesicht zu Angesicht zu besprechen. Aber das scheint nicht möglich zu sein. Ein Bote überbringt seine Nachricht.

Ich stelle mir vor, wie Gaius den Brief in den Händen hält und liest. Er fühlt sich wahrgenommen in seiner schwierigen Lage. Wie gut tut es ihm, gelobt zu werden. Vielleicht seufzt er tief, dann richtet er sich auf. Er fühlt sich gestärkt und bestätigt. Gastfreundlich und liebevoll: Ja, genau so hätte Jesus es gewollt.

Und so tun auch die Wünsche, die Johannes ausspricht, ihm gut. Dass es ihm in jeder Hinsicht gut gehen möge, er gesund sein möge an Leib und Seele. Genau das ist gerade nicht selbstverständlich, die Konflikte in der Gemeinde gehen an die Substanz und der Zweifel an sich selbst zermürbt.

Johannes ist ein frommer Mann, das geht aus seinem Brief hervor. Dennoch sind seine Worte nicht das, was man abwertend als „fromme Wünsche" bezeichnet. Die sind hohl, leer, ja, wirklichkeitsfern. Sie gehen vorbei an dem, was ein Mensch eigentlich braucht, weil sie seine Lage verkennen und ignorieren.

Mehr als fromme Wünsche kann ich dem anderen zukommen lassen, wenn ich um ihn weiß; um das, was ihn glücklich macht ebenso, wie um das, was ihn bedrückt.
Dann kommen meine Worte an, sie stärken, erfreuen, richten auf und trösten.

Gebet: Angefüllte Wünsche

Gott, heute bitte ich dich,
dass mein Leben mehr sei
als ein frommer Wunsch.

Dass meine Augen hingeschaut haben,
meine Ohren zugehört haben,
mein Herz sich hat anrühren lassen
und meine Hände zugepackt haben,
bevor Worte und Wünsche
meinen Mund verlassen.

Lehre mich,
meine Wünsche anzufüllen
mit Haltung und Leben.

Vergnügte Maler*innen

Einmal, an einem sonnigen Tag im Mai, umringt plötzlich ein Schwarm von Maler*innen unser Haus. Seit längerem warten sie auf gutes Wetter, um die Holzfenster außen abzuschleifen. Nun ist es endlich so weit.
In jedes Zimmer guckt von außen ein Gesicht herein. Und es ergibt sich ein interessanter Soundtrack: Schleifen, Sirren, Klopfen, Quietschen als Dolby-Surround.

Die Maler*innen dieser Firma arbeiten vergnügt, es ist eine Freude, das zu erleben. Einmal höre ich zwei von ihnen über ihren Chef sprechen. „Er ist ein Vollblutmaler", meinte einer. „Ja", sagt der andere. „Er ist genau und will, dass es gut wird."

Als sie gehen, spreche ich sie darauf an. Und sie loben ihn weiter, in höchsten Tönen.
„Einmal am Tag kommt er vorbei und sieht nach dem Rechten", erzählt der eine, ein langer Kerl. „Er lässt uns nichts durchgehen", meint der andere. Er lacht. „Den Auftraggebern aber auch nicht", ergänzt er. Nun lachen wir alle.
„Er kümmert sich um uns", fährt der Lange fort. „Schon im Sommer sorgt er vor, damit wir gut über den Winter kommen."
Fröhlich verabschieden sie sich. „Bis morgen! Da wird gestrichen!"

Ich denke an das, was ich vor wenigen Tagen – wieder einmal – in einer Fernsehreportage gesehen habe:
Osteuropäische Arbeiter*innen in einer Fleischfabrik. Die Arbeitgeber*innen nehmen ihnen die Pässe ab. Dann beuten sie sie aus. In unterkühlten Räumen arbeiten diese Menschen am Fließband, schlachten Schweine, zerlegen Fleisch, entsorgen Reste. Von morgens bis abends, alles für einen Hungerlohn.
Sie schlafen in Unterkünften, die diesen Namen nicht verdienen. Da stehen acht schmale Betten in einem Raum, neben jedem ein Stuhl. An den

Wänden breitet sich schwarz der Schimmel aus. Im Fensterrahmen fehlt eine Scheibe.
Und dafür wird diesen Arbeiter*innen auch noch Miete vom Lohn abgezogen, sodass kaum etwas übrig bleibt.
Auch, wenn die Arbeitgeber*innen laut Gesetz einen Mindestlohn zahlen und für bessere Unterkünfte sorgen müssten: Immer wieder finden sie Schlupflöcher, um ihre Arbeiter*innen geradezu zu versklaven. Bei manchen großen Firmen scheint gar als clever zu gelten, wer Menschen ausbeutet oder betrügt. Leichtfertig setzen sie sogar die Gesundheit anderer aufs Spiel.

Jemandem mit Worten Wohlergehen zu wünschen, an Leib und Seele, ist leicht. Dafür einzustehen, dass es ihm oder ihr gut geht, ist eine Frage der Haltung und des Gewissens.
Unsere Maler*innen können vergnügt und sorglos arbeiten. Ihr Chef hat sie im Blick, er kümmert sich um sie.
Manch großer Boss könnte sich ein Beispiel an ihm nehmen.

Freundlicher Morgen

Meine Sorgen verspäteten sich,
verpassten die S-Bahn,
holten mich nicht mehr ein.

Wolken dämpften die Sonnenglut
und zerstreuten Licht auf den Straßen.
Hummeln summten in wilden Blüten.

Einer kam mir entgegen,
fragte mich nach dem Weg
und ich wusste zu antworten.

Mein kleiner Gedenktag

Der fünfte Mai ist mein kleiner Gedenktag. Nichts Weltbewegendes ist passiert. Aber etwas, an das ich mich immer wieder erinnern möchte.

Es ist nämlich mein Tag der zweiten Chance.
Am fünften Mai vor vielen Jahren habe ich meinen Führerschein gemacht, zusammen mit meiner Zwillingschwester.
Ich war zuerst dran mit dem Fahren. „An der nächsten Kreuzung rechts, an der Ampel links abbiegen!“ Vierzig Minuten lang ließ mich der Prüfer kreuz und quer durch die kleine Stadt Leer kurven. Das klappte ganz gut. Zum Schluss sollte ich einparken. Nicht gerade meine Stärke. Schwitzend versuchte ich mein Glück. Ich brauchte mehrere Anläufe, bis ich endlich in der Lücke stand. Allerdings ziemlich schief.
Schweigen auf der Rückbank, wir fuhren zurück zur Fahrschule.
Dort bat der Fahrlehrer mich, meine Schwester zu holen. Sie war als nächste dran.

Ich selbst saß frustriert im Warteraum. „Durchgefallen!“, dachte ich. „Naja, vielleicht schafft sie es ja.“
Nach zwanzig Minuten kam meine Schwester zur Tür herein. Nanu, jetzt schon?
Auch durchgefallen, dachte ich. Sonst wäre sie ja wohl nicht so schnell wieder hier.

Meine Schwester schaute mich an. „Du sollst noch mal kommen“, sagte sie.
Gemeinsam gingen wir zum Fahrschulwagen, in dem der Prüfer noch auf der Rückbank saß. Ich spürte mein Herz klopfen. Jetzt wird er uns sagen, dass wir die Prüfung nicht bestanden haben.

„Bitte setzen Sie sich noch einmal auf den Fahrersitz", sagte der Prüfer zu mir. Und als ich mich angeschnallt hatte, meinte er: „Jetzt fahren wir noch einmal Einparken".
Mir schlotterten die Knie.
Er lotste mich zu einem Parkstreifen am Straßenrand. Zwischen zwei anderen Autos war eine Lücke. Ich gab mein Bestes. Aber so wirklich gut klappte es nicht, bis zum Bordstein war noch ziemlich viel Platz. Immerhin war es besser als beim ersten Mal.
Und das schien dem Mann auf der Rückbank zu genügen.
Zurück an der Fahrschule stellte er nicht nur meiner Schwester, sondern auch mir das begehrte Dokument aus.

Seitdem ist der fünfte Mai mein persönlicher Gedenktag der zweiten Chance.
Er bringt mich zum Lächeln. Gerne erinnere ich mich an diesen Prüfer, der Gnade hat walten lassen.

Ich nehme mir vor, einen Kalender anzulegen. Für solche kleinen Gedenktage, die mein Leben schöner machen. Sie erinnern mich an das, was ich nicht allein mir verdanke, was ich eigentlich nicht verdient, aber doch bekommen habe.

Den Führerschein damals. Die Güte des Prüfers. Gnade vor Recht. Eine zweite Chance.

Segenswunsch: Glückskonto

Beim Blick in den Spiegel
ein Lächeln probieren.
Andere öfter mal loben
und dafür seltener kritisieren.

Auf deinem Glückskonto
vieles im „Haben" verbuchen
und in deinem Alltag
den Frieden suchen.

Ich wünsche dir
eine versöhnliche Haltung
im Blick auf dich selbst,
andere Menschen,
die Welt.

JUNI:
Von Liebe geprägt

Lege mich wie ein Siegel auf dein Herz, wie ein Siegel auf deinen Arm. Denn Liebe ist stark wie der Tod.
HOHELIED 8, 6 (L)

Stark wie der Tod

Ein Gastbeitrag von Heinke Willms

„Ich konnte gar nichts tun." Martha sitzt ihrer Enkelin gegenüber. Nicole ist gekommen, um das Zimmer von Hermann auszuräumen.
Es muss schnell gehen im Seniorenheim. Zwei Tage nach seinem Tod muss alles raus. Zwei Kartons nach 85 Jahren Leben – und der Ohrensessel. Darauf hatte Hermann bestanden. „Der kommt mit ins Altenheim."
„Ach Oma", sagt Nicole nun. „Es tut mir so leid."
„Ich konnte gar nichts tun." Martha schüttelt den Kopf und schaut ins Leere.

Seit einem halben Jahr wohnt auch sie hier im Heim. Ganz am anderen Ende des Flures. In ihrem Zimmer aber ist sie kaum gewesen.

Sobald sie morgens angezogen war und gefrühstückt hatte, ging sie zu ihrem Hermann. Zu ihm, der in den letzten Wochen nur noch liegen konnte. Sie saß an seinem Bett und hielt seine Hand. Sie las ihm aus der Zeitung vor. Alles, was es Neues gab aus ihrem Dorf. Sie strich ihm über die Stirn, wenn er Schmerzen hatte. Und sie erzählte ihm von früher. Manchmal lächelten dann beide. Und er drückte ihre Hand ein wenig fester.

In den letzten Wochen ging es Hermann sehr schlecht. Und nun ging Martha fast gar nicht mehr in ihr Zimmer. Spätabends sah die Nachtschwester sie immer noch an Hermanns Bett sitzen. „Frau Weber", sagte sie dann, „Sie müssen doch auch mal schlafen." Sie musste Martha versprechen, sie sofort zu wecken, wenn es Hermann schlechter ging. Erst dann ging sie über ihren Rollator gebeugt in ihr Zimmer zurück.

Auch als er starb, saß Martha an seinem Bett. Sie hielt seine Hand und streichelte sie. Sie sprach mit ihm und er wurde immer ruhiger. Und schlief in den Tod hinein.

„Ich konnte gar nichts tun", Martha sagt es noch einmal.
Beide schweigen.
„Du warst bei ihm", sagt Nicole. „Und du hast ihn geliebt."
Wieder schweigen beide.
„Ja", sagt Martha schließlich, „das habe ich. Ihn geliebt – all die Jahre. Und das wird auch sein Tod wohl nicht ändern."
Sie wischt sich die Tränen von ihrem Gesicht.
Nicole nimmt ihre Hand. Beide bleiben noch lange so sitzen.

Später geht Nicole in Hermanns Zimmer. Sie räumt seine Sachen aus. Auch das alte Stammbuch. Nicole schlägt es auf und findet die Heiratsurkunde:

Hermann und Martha Weber
Kirchliche Trauung am 10. Mai 1960
Trauspruch: Lege mich wie ein Siegel auf dein Herz, wie ein Siegel auf deinen Arm. Denn Liebe ist stark wie der Tod.

Nicole lächelt in sich hinein.
„Oma und Opa," denkt sie. „Ja, das hat wirklich gepasst."

Gebet: Dein Zeichen

Guter Gott,
dein Siegel
will ich tragen
auf Herz und Hand.

Geprägt will ich sein
von der Liebe,
die stark ist,
stark wie der Tod.

Deine Zeichen
will ich setzen
und mit meinen Händen
dich einschreiben ins Leben.

Will selbst dein Zeichen werden,
das Herzen wärmt und wendet
und die Liebe sichtbar macht,
Tag um Tag.

Die Liebenden

Sie sind aus dem Bild getreten und gegangen.

Eben lagen sie noch da, leicht aneinandergeschmiegt, in einer Übereinstimmung, die nur der Schlaf möglich macht.

Ich könnte ihnen ein Leben geben:

Er, Matthias, 38, 1,80 Meter, Versicherungskaufmann.
Sie, Katharina, 40, sommersprossig, Krankenpflegerin.

Als ob das eine Rolle spielte.
Es ist genug, dass diese beiden den Tag erschufen.

Die Vorhänge nahmen ihre Bewegungen auf und trugen sie dem Wind zu, der sie jetzt unter die Blätter der Bäume fächelt.

Das Fenster fing ihre Blicke ein und reichte sie an die Sonne weiter. Und es ward Licht.

Ihr Lachen drang durch die Ritzen und schwang sich in die Kehlen der Tauben und Amseln.

Und ihre Liebe sagte die Rosen aus, statt umgekehrt, wie es sonst immer ist.

Wer sagt denn, dass die Erde sich dreht ohne die Liebenden?

Wer sagt, dass Gott wüsste, wer er sei, ohne uns, seine Resonanzräume?

Himmelsgezwitscher

In den Zwischenräumen
meiner Zeit
baust du dir
ein Nest.

Dort wohnt
dein Geist, manchmal
fliegt er mir zu,
zwitschert sich leise
in Gedanken und Sinn.

Ich gehe
über Kopfsteinpflaster,
Asphalt und Beton
und höre
um mich herum
das Gras wachsen.

Der Himmel ist grün,
wispert es im Ohr,
er blüht in
Städten und Menschen.

Dann könnte es sein,
dass ich im Rücken
Flügel spüre.

An die Liebe

Der Brief, der ich bin, geschrieben aus meinen Stunden, Tagen, Jahren:
Ich bin nicht allein seine Autorin.
Dieses Leben: Es ist mehr als ich. Und wird doch meins.

Darum bitte ich dich, Liebe:
Füg zärtlich deine Worte ein, bevor ich sie vergessen könnte.
Schreib dich zwischen die Zeilen, bewahre Menschen und Momente.
Erinnere mich an das Zuviel, das mir zufiel, unerwartet, unverdient.

Und ans Ende setz deine Unterschrift. Beglaubige mich und steh für mich ein.

Der Brief, der ich bin, geschrieben aus meinen Stunden, Tagen, Jahren.
Umhülle ihn, verschließ ihn mit deinem Siegel, präg deine Spur ihm ein.
Mit dem dir eigenen zerbrechlichen, doch schützenden Schild.

Und adressier ihn an ihn, dessen Name ungenannt bleibt, damit wir ihn nicht zu kennen meinen.
Du weißt, er ruft mich ins Leben und wieder heraus.
Dann mag meinetwegen der Tod ein Bote sein.
Überbringer zwischen den Welten.
Er trägt mich, doch ich gehöre nicht ihm.

Segenswunsch: Gezeichnet von der Liebe

Dass dein Leben
gezeichnet sei
von der Liebe
wünsche ich dir.

Sie spüre dich auf,
wenn du dich selbst verlierst.
Sie streiche glatt,
was unruhig ist in dir.

Sie umgarne dich,
wenn du nichts mehr erwartest,
und überrasche dich,
wenn du alles zu kennen meinst.

Wenn du ausgekühlt bist,
wärme sie dir beides,
Körper und Seele,
und trage dich am Ende
behutsam nach Haus.

JULI:
Den Lebensdurst stillen

Meine Seele dürstet nach Gott, nach dem lebendigen Gott.
PSALM 42, 3 (L=E)

An der Quelle des Lebens

Es war, es ist zu viel:

Anforderungen, die mir über den Kopf wachsen.
Eindrücke, die ich nicht verarbeiten kann.
Fragen, die ohne Antwort bleiben.
Einflüsse, die in mir versanden.

Und nun? Nichts geht mehr.

Die Zeit wird ein wüstes Land, in dem ich den Weg und mich selbst nicht mehr kenne. Ich durchforste mein Inneres und finde nur Leere. Aus dem Spiegel schaut mir ein fremdes Gesicht entgegen.

Die Seele dürstet.
Dürstet sie nach Gott?

Wie gut täte es, einmal loslassen zu dürfen. Eingeladen zu sein.
Da wäre ein Tisch, den ich nicht selbst decken muss. Eine reicht mir das Brot und schenkt mir ein. Einer liest mir die Sorgen von der Seele und spricht mir Mut zu. Ich muss meine Kräfte nicht länger aus mir selbst schöpfen.

Ich sitze nur da und ruhe mich aus. Es dauert lang, bis die Antreiber in mir schweigen. Ich schaue aus dem Fenster. Nach und nach glätten sich die Wirbel und Wogen. Ich spüre, wie in mir eine Stille wächst.

Wie gut es tut, einmal loszulassen. Meine leeren Hände anzuschauen. Sie schaffen nichts, sie greifen nach nichts, sie kontrollieren nichts. Sie werden bereit, sich füllen zu lassen.

Eingeladen sein.
Ich komme zu mir und spüre, wie nach und nach meine Kräfte wieder wachsen. Ideen fliegen mir zu und Worte von anderswoher werden zu meinen. Was wesentlich ist, ordnet sich neu.

Meine Seele kommt zur Ruhe, ihr Durst wird gestillt.
Als sei ich an einer Quelle, aus der das Leben sprudelt. Die einfach da ist, einladend und unerschöpflich.
Wenn ich gehe, weiß ich, dass ich wiederkommen darf, um mich erfrischen und stärken zu lassen. Jederzeit.

Ich mache mich auf den Weg, der vor mir liegt. Es kommt mir vor, als könnte er mein eigener werden.

Gebet: Lautloses Lied

Gott,
manchmal komme ich zur Ruhe
und merke erst dann,
dass ich dich ganz vergessen hatte.

Mein Leben nimmt mich in Anspruch,
oft komme ich kaum hinterher.

Nun aber ist es still.
Ich spüre, wie mein Atem tiefer wird.
Mein Herz schlägt verlässlich in mir.

Als ob ausgerechnet die Stille
ein Resonanzraum wäre,
in dem etwas ins Schwingen kommt
und eine Stimme zu klingen beginnt
von anderswoher.

Fast kommt es mir vor,
als hättest du
auf mich gewartet.

Anders gesagt: Krise

Das Wort „Krise“ stammt aus dem Griechischen und bedeutet „Entscheidung“. Eine Krise markiert somit einen Wendepunkt.
Eine Krise kommt immer ungelegen. Niemand wünscht sie sich herbei. Und niemand sollte sie schönreden.
Am Scheitelpunkt einer Krise entgleitet mir die Kontrolle über mein Leben, ich habe vieles nicht mehr in der Hand und fühle mich ausgeliefert und hilflos.
Später stellt die Krise mir Fragen nach meinem Leben. Wie soll es weitergehen, was ließe sich verändern? Manche dieser Fragen sind unbequem, sie lassen mich erschrecken über mich selbst. Aber sie zeigen mir auch: Es muss nicht alles wieder so werden, wie es vorher war. Ich darf die Zeit, die vor mir liegt, in die Hände nehmen und gestalten.

Zum dreiundzwanzigsten Psalm

Selten geworden,
die Tage,
an denen ich so
beten könnte.

Doch schau ich gern
auf die alten Bilder,
wenn sie vorüberziehen.

Da, ein Hirte,
der seine Herde weidet:
grün die Auen,
das Wasser frisch.
Ein Idyll.

Doch dann:
Finsterstes Tal,
sie stolpern und schreien und fallen.
Er richtet sie auf,
leitet sie sicher,
bis ein Licht aufscheint
am Ende der todesverschatteten Schlucht.

Sie treten ins Helle,
und siehe:
Da ist der Tisch
festlich gedeckt.
Voll schenkt er ein
den Erschöpften.

Ich seh sie feiern,
die Bilder, sie kommen
mir nah.

Könnte ich
eintreten, einmal noch,
durchs weit geöffnete Tor.
Anstoßen aufs Leben,
einstimmen in ihren Gesang:

Ich werde bleiben,
werde bleiben im Hause des Herrn.
Immerdar.

Farbenspiel

Und heute? Heute will sie spazieren gehen. Die Erde besuchen, in den Himmel schauen, durch Wälder und Felder streifen, am Fluss entlang, und am Ende vielleicht noch eine Stadt besuchen.

Sie fängt ein paar Sonnenstrahlen ein und nimmt sie mit. Es werde Licht, denkt sie. Eine ihrer besten Ideen.
Dieser erste Morgen! Wie das Licht langsam über den Horizont stieg und die Erde betrat, wie es die Schwärze aufsog, an dieser genauen Grenze, einem dünnen Strich zwischen Dunkel und Hell.

Und dann, dahinter bekam die Erde Farbe, Lehmgrau und Ocker, Dunkelbraun und Sandhell schieden sich von Eisblau und Schneeweiß.

Versonnen spielt sie mit dem Licht in ihren Händen, lässt es durch ihre Finger rinnen und wärmt sich daran. Leicht ist es, nicht so erdenschwer wie die Dinge, die sie mit einem Gewicht ausgestattet hat, damit sie auf Erden haften.
Das Licht schwebt. Und wie es vordringt bis in den letzten Winkel!
Übermütig schiebt sie ein paar Wolken über den Himmel und springt über die Schatten, die entstehen. Dann geht sie hinunter zum Fluss.

Sie denkt an die erste Zeit. Wie überrascht war selbst sie von dem, was das Licht konnte. Warm war es, es taute die Berge aus Eis auf, ließ Wolken aufsteigen, die den Himmel entlangzogen und sich zusammenballten. Später strich Regen über die Erde.
Ein Meer, dachte sie, und das Wasser bekam Konturen und begann, unter dem Himmel zu schimmern. Seen wurden zu Spiegeln. Flüsse zogen mäandernde Linien durchs Land.

So wie dieser, an dem sie gerade steht. Ein blaugrünes Band, Wirbel und Strudel verwischen das Spiegelbild der Bäume am Rand.
Am anderen Ufer gehen zwei Menschen, in ein Gespräch vertieft.
Sie lächelt, im Wasser blitzt hell ein Schein auf. Ob die beiden ihn wahrnehmen werden?

Sie selbst geht weiter, durch Gärten und Felder. Blüten leuchten kirschrot und karmesin, fuchsia und rosé, kobalt, azur, sonnengelb und türkis.

Hinter den Feldern betritt sie den Wald. Sie atmet ein und genießt die Luft, die hier kühler ist. Zwischen den Buchen, Eichen und Linden flirren Flecken aus Licht.
Später trifft sie zwei Kinder, die durch die Schatten tanzen. So ihr nicht werdet wie sie, denkt sie. Und wagt selbst ein paar Wechselschritte.

Schließlich verlässt sie den Wald und macht sich auf in die Stadt. Wieder fängt sie sich Lichtstrahlen ein, die warm in den Händen liegen. Sie geht zum Marktplatz, dort, wo die große Kirche steht.
Übermütig wirft sie das Licht von außen durch die Fenster. Und nichts geht zu Bruch, denkt sie. Was durchsichtig ist, ist wirklich mein Element.

Und wenn du Glück hast, bist du es: Du stehst auf der anderen Seite im kühlen Raum. Und siehst, wie die Steine sich füllen mit bunten, leuchtenden Flecken. Da ist es, vor deinen Augen: ihr Farbenspiel.

Und du ahnst: Sie, die im Anderswo wohnt und doch durch Mauern und Horizonte tritt, ist ja da. Und sagt auch heute: Es werde Licht.
Und das Leben wird bunt und beginnt zu schimmern.

Segenswunsch: Lebendiges Wasser

Ich wünsche dir
lebendiges Wasser,
das auf dich regnet
und belebt, was dürr
und trocken geworden ist.

Lausche seinem Rhythmus:
wie es tropft und klopft
und eine Melodie
in dir singt,
die dich zurückruft
ins Leben.

AUGUST:

Lautlos, doch vernehmbar

Jubeln sollen die Bäume des Waldes vor dem HERRN, denn er kommt, um die Erde zu richten.

1. CHRONIK 16, 33 (E)

Die Erde richten

Die Linde: Als Kind bin ich hineingeklettert, ich kannte jeden Ast, jeden Zweig und wusste, welcher mich trägt und wo ich vorsichtig sein muss.

Die Kastanie, die dort stand, wo ich so oft vorbeigeradelt bin. Im Frühling wartete ich darauf, dass die Blätter aus den klebrigen Knospen krochen und sich entfalteten, eine offene Hand.

Die Eiche, darunter die Bank. Ihr Blätterdach hat mich beschirmt, in ihrer Krone knisterte der Regen ein Lied.

Die Trauerweide, wie eine Höhle umgab sie mich. Ich verkroch mich bei ihr und fühlte mich getröstet und verstanden.

Der Ahorn im Garten, wie oft habe ich mich ins Gras gesetzt und an ihn gelehnt. Und durch das Muster der Blätter in den Himmel geschaut.

Die Buchen, ihr Spalier im Wald, ihre umwerfende Schönheit im Frühling, ihr helles Grün.

Es gibt Bäume, die mich geprägt haben, ich hänge an ihnen als seien sie Freund*innen.

In diesem Jahr ist eine der uralten Buchen verdorrt. Drei Jahre, die zu trocken waren, hat sie nicht überlebt.
In der Lindenkrone hängen Äste, die abgestorben sind. Der nächste Sturm wird sie herunterreißen.
Und der Ahorn verlor seine ersten Blätter schon Ende August, blass und trocken segelten sie zu Boden.
Die Kastanien blieben klein und schrumpelig in diesem Herbst.

Nein, die Bäume, die Natur: In diesen immer heißer werdenden Zeiten haben sie nichts zu lachen und schon gar nicht zu jubeln. Sie darben, viele sterben sogar. Hätten sie eine Stimme, so weinten und schrien sie wohl.

Ja, das wäre schön, wenn ein Gott käme, um die Erde zu richten. Der die Bäume zum Jubeln brächte, ihnen Wasser und Licht schenkte, mehr als sie brauchen. Der ihre Kronen leuchten ließe in sattem Grün.

Was aber, wenn er käme, würde er wohl uns Menschen sagen?

Gebet: Lautlos

Eichen und Eschen,
Buchen und Pappeln,
Erlen und Lärchen,
Kiefern und Ahorn.

Ihr Lied.

Lautlos,
doch vernehmbar.

Gib mir ein offenes Ohr,
Gott,
für den Gesang
der Bäume.

Genesis

Lelia Salgado ist weniger bekannt als ihr Mann Sebastião, der berühmte Fotograf.
Sebastião Salgado geht mit seiner Kamera auf Reisen, um Menschen und Orte am Rande der Gesellschaft zu fotografieren, in den Krisen – und Kriegsgebieten dieser Welt.
Er reist in die Sahelzone, wo Tiere und Menschen unter der Dürre leiden, er fotografiert die brennenden Ölfelder im Nahen Osten.
Er fährt in das vom Krieg zerstörte Jugoslawien und hält die Gesichter vergewaltigter Frauen auf seinen Fotos fest.
Salgado lässt sich erschüttern von dem, was ihm begegnet, und fotografiert mit einfühlsamem Blick. Seine Fotos, die meisten in schwarz-weiß, erzählen ganze Geschichten.

Irgendwann jedoch wird Salgado krank an dem, was er sieht. Er verliert das Vertrauen ins Leben, auch in die Menschen.

Lelia ist es, die ihrem Mann vorschlägt, sich zurückzuziehen auf die brasilianische Farm seiner Familie. Sie ist es auch, die die Idee hat, dort die Wüste wieder aufzuforsten.

Gemeinsam machen sie sich ans Werk und bauen eine Gärtnerei auf, in der Bäume gesät, herangezogen, gehegt und gepflegt und schließlich eingepflanzt werden.
Weit mehr als eine Million Bäume sind es, die dort inzwischen wachsen und gedeihen. Ein neuer Regenwald entsteht.
Und der Wald lockt alles herbei, was einmal da war, bevor Menschen die Bäume abholzten und das Land verwüsteten. Das Wasser kehrt zurück und mit ihm Pflanzen und Tiere, die dort beheimatet waren.

Doch nicht nur das. Bäume zu pflanzen und den Regenwald neu entstehen zu sehen, scheint auch Salgado selbst gut zu tun. Während er sät, hegt und pflegt, entfaltet das, was heranwächst, eine heilsame Kraft und lässt seine Seele gesund werden.

Später beginnt Salgado ein neues Foto-Projekt.
Er besucht unberührte Orte, zeigt Tiere und Menschen, die dort leben.
Hinreißend schöne Landschaften fängt er mit seiner Kamera ein.
Es ist wohl kaum ein Zufall, dass er dieses Projekt „Genesis" nennt, so wie das erste Buch der Bibel, das erzählt, wie Gott die Erde erschuf.

Nein, noch haben die Bäume oft nichts zu jubeln. Sie darben und vertrocknen, sie erkranken oder werden abgeholzt. Und da ist kein Gott, der die Erde richtet.
Uns Menschen aber hat Gott schöpferische Kräfte gegeben, wir können anfangen, schon jetzt seine Arbeit zu tun.
Können säen und pflanzen, hegen und pflegen. So wie Leila und Sebastião Salgado es tun.

Aufatmen

In der Regenwolke, die bis auf den Boden reichte, war es hell.
Auf dem Schirm knisterten Tropfen. Als ich unter den Linden ging, wurden sie schwer. Später pladderte es. Senkrecht fiel der Regen und sanft.
Auf dem Beton sammelten sich Wassermuster, als flechte einer die Fäden zusammen, sie wurden zu Rinnsalen und Bächen und machten sich auf zum Fluss.
Die Gräser neigten sich unter der Tropfenlast, die sie nähren wird, um sie wieder aufzurichten.
Später fotografierte ich Regentropfenrosen und hörte den Bäumen zu, wie sie aufatmeten.

Wie ein Baum

Sein wie ein Baum – eine Eiche vielleicht, fest verwurzelt, mit kräftigem, knorrigem Stamm und starkem Halt. In ihrem Stamm ein Herz, ein verliebtes Paar hat sich hier getroffen und es eingeritzt, vor zehn Jahren, vor zwanzig, vor fünfzig? Ich stelle mir vor, wie sie da gesessen haben, an den dicken Stamm gelehnt. Was ist aus ihrem Leben geworden? Und was aus ihren Träumen?

Sein wie ein Baum, eine Magnolie vielleicht. Im Frühling werden die Knospen dicker und dicker, dann endlich kriechen die Blüten daraus hervor und wiegen sich im Wind. In wenigen Tagen ist der Baum ein Blütenmeer. Und in der Dämmerung schimmert er hell.
Vögel kommen und bauen Nester in seinen Zweigen, und einige Zeit später zwitschert es zwischen den Blättern.

Sein wie ein Baum, ein Birnbaum vielleicht, wie der des von Ribbeck im Havelland. In seinen Blüten summen die Bienen und in seinen Ästen klettern die Kinder. Seine Früchte reifen, leuchten und schmecken. Ich sehe den alten Herrn vor mir, wie er den Kindern die Birnen reicht. Wie ihre Augen glänzen und ihnen der Saft aus den Mundwinkeln tropft.

Sein wie ein Baum.
Fest und zuverlässig bleiben am selben Ort, bei Sonnenschein, Sturm und Regen. Ausgesetzt sein dem Wechsel der Jahreszeiten. Stark sein und verwurzelt, Halt finden und geben. Blüten hervorbringen und Früchte tragen. Einladen zum Leben.

Segenswunsch: In unseren Händen

Unsere Hände,
deine und meine:

Säen können sie,
pflanzen,
bebauen
und bewahren.

Früchte werden wachsen,
Bäume werden jubeln,
und die Wüste wird blühen.

Ich wünsche dir,
dass du ein Wunder
für möglich hältst –

es liegt in unseren Händen,
deinen und meinen.

SEPTEMBER:
Weise werden

Gott lieben, das ist die allerschönste Weisheit.
SIRACH 1, 10 (L)

Eine Tür ins Freie

Die Weisheit ist eine Tür ins Freie.
Wenn ich hindurchgehe, verlasse ich für eine Weile mich selbst und meinen Alltag.
Das, was mich beschäftigt und umtreibt, was mir manchmal so groß oder gar unlösbar erscheint: Nun lasse ich es hinter mir.
Schritt für Schritt entferne ich mich.

Mein Blick fällt ins Weite, Horizont und Himmel rahmen ihn.
Ich bleibe stehen. Tief atme ich ein und aus.
Manchmal träume ich mich für eine Weile ans Meer.

Dann gehe ich weiter.
Da liegt eine Anhöhe vor mir.
Langsam steige ich hinauf. Wie gut mir das Gehen tut!

Ich spüre mich selbst und meine Kraft.
Ab und zu bleibe ich stehen und schaue mich um.
Was lässt sich entdecken, nah bei mir?

Endlich komme ich oben an.
Vor meinen Augen öffnet sich ein Panorama. Es ist, als könne ich mein Leben von außen betrachten und überblicken.
Von hier sieht alles viel kleiner aus:
Das, was mich beschäftigt hat, was mich umtreibt, was mir manchmal so groß oder gar unlösbar erschien.
Jetzt bin ich dem Himmel nah. Wieder atme ich tief ein und aus.

Vielleicht ist er da, er, den ich „Gott" nenne.
Ihn zu lieben, das könnte bedeuten: mich von ihm lieben zu lassen.

Aus den Händen geben, was nicht in meiner Macht steht.
Loslassen, was zu groß für mich ist.
Zulassen, dass ich verletzlich bin.
Seinen Blick auf mein Leben riskieren und mich mit seinen Augen sehen.

Später kehre ich zurück zu mir selbst.
Nein, was mich beschäftigt hat, ist nicht verschwunden, wenn ich den Alltag wieder betrete.
Aber manchmal ist es, als blicke ich besser durch. Als habe mir einer eine neue Perspektive aufgezeigt. Als ließe sich eine Lösung finden.
Ich spüre neue Kraft in mir und gehe gestärkt in den Alltag.

Die Weisheit ist eine Tür ins Freie.

Gebet: Am Morgen

Wenn der Alltag
noch schläft und träumt,
lausch ich
auf die Stille, hör,
wie sie schwingt.

Siehe, da bist du:
Du nimmst meine Hand
und stellst meine Füße
auf weites Land.

Und wenn dann der Tag
sich räkelt und dehnt,
summ ich ganz leise
Gott, deine Weise,
die ich morgens
im Schweigen schon fand.

Ein Märchen

Am Rande des Dorfes stand eine Kate, umgeben von einem verwunschenen Garten. Ein Holzzaun umgab beides, doch hielt der niemanden ab. Die Katzen nicht und auch nicht die Kinder, denn es fehlten zahlreiche Bretter darin.
Fromm war die Frau, die dort wohnte, in dieser Kate. Jeder im Dorf wusste das, täglich las sie in ihrer Bibel. Und freundlich war sie, ja, manche Menschen hielten sie geradezu für weise.
„Lass uns zu Katrin gehen", sagte ein Kind zum anderen, das sich das Knie aufgeschlagen hatte. Katrin schob niemanden beiseite mit einem „Ist nicht so schlimm!", „Spiel weiter" oder „Jetzt nicht!"
Wer zu ihr kam, der schien für eine Weile das wichtigste Wesen im Universum zu sein.
Aufgeschlagene Knie etwa erhielten nicht nur ein Pflaster, auf das Katrin ein lächelndes Gesicht malte. Nein, es gab auch Apfelsaft, selbstgemacht aus den Äpfeln vom knorrigen Baum am Rande des Gartens. Und wenn die Kinder wieder loshüpften, um weiterzuspielen, dann war die Wunde schon fast vergessen.

Auch erwachsenen Menschen begegnete Katrin unvoreingenommen und interessiert. Rief man ihr ein „Hallo" zu, so legte sie ihre Schaufel oder Hacke beiseite und kam an den Zaun.
Vom Wetter gelangte man, fast ohne es zu bemerken, zu anderen Themen. Sie fragte nach und hörte zu. Tränen ertrug sie gelassen, bis sie versiegten. Was vorher kaum zu bewältigen schien, sortierte sich hier am Zaun zu einer lösbaren Aufgabe.
Wie machte sie das nur?

Katrin vergaß nicht so schnell. Traf man sie beim Einkaufen, so fragte sie noch einmal nach. Manchmal verweilte sie dann mit dir zwischen den Regalen, als gäbe es weder Zeit noch Raum.

Nun sagst du: Das muss lange her sein. Solche Menschen gibt es nicht mehr, nicht in der heutigen Zeit.
Doch, sage ich, gibt es. Gestern war ich noch bei ihr.
Aber ich gebe zu: Es mag sein, dass die Erinnerung mir ein Damals als Gestern vorgaukelt. Oder andersherum. Und beides miteinander verwebt.
Und: Ist nicht, was gestern war, gegenwärtig, wenn es Bedeutung für heute hat?

Jedenfalls wohnte Katrin nicht mehr in ihrer Kate und auch ihr Name hatte einen anderen Klang. Aber sie war in der Nähe. Eine Nachbarin oder Freundin. Vielleicht auch deine, wer weiß?

Sie räumt den Tisch frei, da liegt die Zeitung vom Morgen. Die Bibel steht im Regal. Oder der Koran. Oder beides.
„Kaffee oder Apfelsaft?“, fragt sie.
Dann setzen wir uns.
Wie geht es? Sie schaut mich an.
Und ich bin das wichtigste Wesen im Universum, eine kleine Ewigkeit lang.

Segenswunsch: Weisheit

Freude wünsche ich dir
an dem, was du nicht
aus dir selbst schöpfst.

Und Staunen über das,
was dir begegnet,
ob es nun winzig sei oder gigantisch.

Demut wünsche ich dir,
anzunehmen, was dir gegeben wird,
auch, wenn du es nicht zu verdienen glaubst.

Und die Weisheit,
das, was dir entgegenkommt,
zu verknüpfen mit deinem Leben.

Weise Saat

Wenn wir das Korn in die Erde legen, dann erinnern wir uns: Der Mensch lebt nicht vom Brot allein. Und wir denken daran, auch Frieden zu säen, Toleranz und Versöhnung.

Und wenn wir Blumenzwiebeln in den Garten pflanzen, dann erinnern wir uns: Das Leben ist zerbrechlich und zart. Und wir achten darauf, auch Hoffnung und Trost zu pflanzen um uns herum. Und Mut und Zivilcourage zu legen in die Herzen der Menschen.

Und wenn unser Korn gewachsen ist und wir es ernten können, dann denken wir daran: Es ist uns von Gott geschenkt, ein Schatz auf der Erde. Nicht nur für uns allein, sondern für alle Menschen.

Und wenn unsere Blumen blühen, dann staunen wir: Wie kunstvoll verpackt Gott seinen Segen aus Liebe zu seiner Welt. Segen, der wächst, wenn wir ihn teilen, und Liebe, die uns reich macht, wenn wir sie weitergeben.

Erntedank

Sonnenblumen,
zum Beispiel.

Gesät: ein Korn,
geerntet: ein Wunder.

OKTOBER:
Groß und klein und wunderbar

Groß und wunderbar sind deine Taten, Herr und Gott, du Herrscher über die ganze Schöpfung. Gerecht und zuverlässig sind deine Wege, du König der Völker.
OFFENBARUNG 15, 3 (E)

Das Lied der Überwinder

An einem gläsernen Meer, das mit Feuer vermengt ist, steht ein großer Chor und singt.
„Das Lied der Überwinder", so ist der Abschnitt überschrieben, aus dem der Monatsspruch stammt. Diese „Überwinder" haben „den Sieg behalten über das Tier und sein Bild und über die Zahl seines Namens" (Offenbarung 15, 2 (L)).

Im letzten Buch der Bibel, der Offenbarung des Johannes, sind Visionen vom Ende der Zeiten erzählt. Faszinierende und befremdliche, großartige und grausame Bilder finden sich dort nebeneinander.
Von Drachen und grässlichen Tieren ist die Rede, von Wasser, das zu Blut wird, einer Sonne, die sich verfinstert, und einer Erde, die wankt und bebt.

Viele dieser Bilder beunruhigen mich. Vielleicht, weil man mir mit ihnen Angst gemacht hat, früher, in meiner evangelikal geprägten Jugendzeit. „Auf welche Seite gehörst du?“, wurde drohend gefragt. Einmal malte ein Gruppenleiter lustvoll aus, wie grausam all die zugrunde gingen, die nicht an Gott glaubten.
Bis heute haben manche Bilder aus der Offenbarung für mich die Kraft von Albträumen, deren Schrecken noch lange nachwirken und die ich schaudernd versuche abzuschütteln.

Aber dann sind da auch die tröstlichen Worte, die ich so oft schon auf Trauerfeiern gelesen und gehört habe.
Gott selbst wischt den Menschen die Tränen ab. Den Tod macht er für immer zunichte.

Das Nebeneinander von grausamen und sanften Visionen befremdet mich bis heute.
So bunt die Bilder der Offenbarung auch sind, mir erscheinen sie doch wie Schwarzweißmalerei.

Da sind auf der einen Seite die Feinde, die auf die grässlichste Weise im Namen Gottes vernichtet werden. Und auf der anderen Seite die Frommen, die er so kraftvoll tröstet und errettet.

Mir hilft es, auf die Entstehungsgeschichte der Offenbarung zu schauen. Der Autor Johannes sitzt auf der Insel Patmos im Gefängnis, als er sie verfasst. Sein „Verbrechen“ ist, Christ zu sein. Wer sich weigert, den Kaiser als Gott zu verehren, wird verfolgt und muss um sein Leben fürchten.

Johannes will durchhalten, er will seinem Glauben treu bleiben. Und er will seine Mitchrist*innen stärken und ermutigen, es auch zu tun:
Denn bald schon breche die Endzeit an, in der Christus wiederkommen und siegen werde über seine Gegner. In schillernden Farben schildert Johannes seine Visionen von diesem Kampf. Und beschreibt dann mit feinfühligen Worten, was danach kommen wird.

Mir scheint, dass in einer Krise oft kein Raum ist für Zwischentöne. Vielleicht kann das Schwarzweiß erst wieder farbig werden, wenn die dunkle Phase durchschritten ist samt allem, was sie mit sich bringt: Angst und Wut, Demütigungen, Trauer und Tränen.
Wenn aber die Krise durchgestanden ist, ist es notwendig, die Ambivalenzen des Lebens neu wahrzunehmen, die zahlreichen Schattierungen zwischen Schwarz und Weiß, um nicht steckenzubleiben in einer Polarisierung, die Andersdenkende zurückweist oder gar bedroht.

Was die Bilder der Offenbarung betrifft, tut es mir gut, wahrzunehmen:

Damals haben die Bilder nicht zuerst Angst gemacht. Sie wollten ermutigen, durchzuhalten und zu widerstehen.
Sie haben jene, die ohnmächtig waren, gestärkt: Bald kommt er, der siegen wird über die, die euch unterdrücken.
Sie haben getröstet: Er wird unter euch wohnen, wird euch die Tränen abwischen, euren Schmerz stillen. Dann müsst ihr selbst den Tod nicht mehr fürchten.
Dann werdet ihr einstimmen ins Lied der Überwinder:

Groß und wunderbar sind deine Taten, Herr und Gott, du Herrscher über die ganze Schöpfung. Gerecht und zuverlässig sind deine Wege, du König der Völker.

Milchstraße

Heimatgalaxie, in der
unser Sonnensystem
sich weitet.
Wer hat sie
mit einem Pinselstrich
geschwungen ins dunkle Blau?

An kalten Abenden
schau ich
nach oben:
Milliarden Sterne,
auf einem davon
steh gerade ich
und rase mit
Milliarden Menschen
durchs All.

Wer bin ich?
Mir schwindelt, ich verlier mich
in den unendlichen Welten,
da weht mir aus Kindertagen
ein Lied in den Sinn:

Weißt du wie viel Sternlein stehen …

Lange bevor ich Namen lernte:
Großer Bär, Orion, Siebengestirn,
– als sei zu fassen, was sich über uns dehnt –,
hat eine mir Boden
unter die Füße gesummt.

Dass ihm auch nicht eines fehlet …

Ich fahr mit den Augen
die milchige Straße
den Himmel entlang.
Als sei es möglich:

ein Weg
von ihm
zu uns.

Anders gesagt: Wunder

Ein Anblick ist wunderschön und ein Moment wunderbar. Verwundert bleibe ich stehen. Ist diese Rosenblüte nicht ein Wunderwerk? Und Ingwertee ein Wundermittel gegen die Kälte? Gelegentlich begegnet mir ein wunderlicher Mensch. Oder ein Ereignis fügt sich auf wundersame Weise.

Das Wunder hat Spuren hinterlassen in unserem Wortschatz. Vielleicht ein Hinweis, dass das Leben voller Wunder ist. Wundervoll eben.

Gebet: Entgegenkommend

Alltag,
da gehe ich achtlos vorbei
an dem, was im Garten noch blüht:
Astern, die fette Henne und eine einsame Rose.

Grau, sage ich,
und sehe nicht,
wie die Blätter sich färben
und tanzen im Abendlicht.

Kenne ich nicht,
denke ich,
und lasse links liegen
Frau und Mann und Kind,
auch, wenn sie lächeln.

Gott,
schenk mir Augen, die farbenfroh sind,
und eine Haut, die sich aufrauen lässt,
und einen Blick für das Wunder,
in dem du selbst
mir entgegenkommst.

Giersch

Mein Gott, warum hast du den Giersch erschaffen? Musste das sein?

Ich kniee neben meinem Mann im Blumenbeet. Ein Jahr wohnen wir jetzt hier. Endlich wollen wir den Garten neu gestalten. Der Giersch macht es uns schwer. Wir graben und hacken und pulen die langen Wurzeln heraus. Dauernd reißen sie ab und ein Rest bleibt im Boden.

Dabei hätte ich mich heute viel lieber aufs Sofa gelegt. Der Tag war lang, viele Stunden habe ich am Computer gesessen; jetzt schmerzt mein Kopf. Aber: Das Wetter ist schön und der Garten wartet. Also habe ich die alte Jeans übergestreift, meine Gummistiefel angezogen und mich ans Werk gemacht.

Zack: Schon wieder habe ich eine Wurzel in der Hand. Mein Mann kämpft inzwischen mit einem Bodendecker, der alles überwuchert hat. Und unser damals noch kleiner Sohn buddelt mit seiner blauen Plastikschaufel immer vor unseren Füßen herum.

Zwischendrin stehe ich auf und strecke mich. In Gedanken stelle ich mir vor, wie es werden soll: Vor dem Rhododendron wollen wir Blumenzwiebeln stecken. Krokusse, Tulpen und Osterglocken. Auf dem kleinen Wall soll ein Staudenbeet entstehen.

Eine Stunde graben, hacken und pulen wir noch; dann wird es dunkel. Als ich die Stiefel ausziehe, merke ich, dass meine Kopfschmerzen verflogen sind. Die frische Luft hat mir gut getan.

Gott soll aus einem Tohuwabohu, einem großen Chaos, die ganze Welt erschaffen haben. Was für eine Arbeit und was für eine Herausforderung! Aber später war er dann hochzufrieden mit seinem Werk.

Ich finde es schön, dass auch wir Menschen schöpferisch tätig sein können. Auch wir können Ordnung ins Chaos bringen und finden im Giersch eine Herausforderung. Wir können planen, gestalten und pflegen. Und uns dann freuen über das, was wächst und blüht.

„Es ist sehr gut“, soll Gott am Ende über seine Schöpfung gesagt haben. Vielleicht kann ich das ja später auch über unseren Garten sagen.

Segenswunsch: Lichtstreif

Manchmal nehmen
die düsteren Bilder überhand.
Als schlügen die Fragen
von Gestern und Morgen
zusammen über dir.

Ich wünsche dir,
dass sich in dir
wie im Wasser eines Flusses
ein Lichtstreif spiegelt.

Sei er auch schmal
oder ungenau,
er lässt dich doch wissen,
dass jenseits der Wolken
die Sonne bleibt.

NOVEMBER:
Klarheit und Wahrheit

Weh denen, die Böses gut und Gutes böse nennen, die aus Finsternis Licht und aus Licht Finsternis machen, die aus sauer süß und aus süß sauer machen!
JESAJA 5, 20 (L)

Der verlorene Vater[5]

Ein kleiner Junge allein auf einem langen, langen, holländischen Deich.
„Ich will zu meinem Vater gehen", so hat er zu seiner Mutter gesagt.
Im Haus sind alle Fenster mit Laken verhängt. Das ist Brauch, wenn ein Nachbar zu Grabe getragen wird, so wie es am Morgen geschehen ist. Düster ist es und trüb und das legt sich auf die Gemüter.
„Ich will zu meinem Vater gehen." Der Vater ist in seinem Garten, draußen, da, wo es hell ist und einem der Wind frisch um die Nase weht. Er ist ein sehr guter Gärtner, ja, vielleicht darf man sich seinen Garten so vorstellen wie den ersten der Welt.
Nachdem die Mutter sich nicht ohne Stolz vergewissert hat, dass der Junge den Weg auch kennt, zieht er los und nun geht er allein auf dem langen, holländischen Deich.

5 nach: Maarten t'Hart, Gott fährt Fahrrad oder: Die wunderliche Welt meines Vaters, München 2003.

Am Himmel ziehen Schäfchenwolken vorbei, der Tag ist beglückend schön.
Doch begegnet dem Jungen auch manches, was ihn verstört.
Warum etwa ist die Frau, die eben mit einem Mann im hohen Gras etwas scheinbar furchtbar Verbotenes tat, von einer so leuchtenden Schönheit? So schön, dass der Junge sofort beginnen muss, sie zu lieben?
Und was ist das für eine Gestalt, die mit dem Rad auf dem Deich fährt und ihn auch noch fragt, ob er vielleicht mitfahren wolle. Könnte das Gott sein, dieser unerbittliche, strenge Gott, von dem er zu Hause so viel zu hören bekommt?
Dieser Gott weiß und sieht alles. Er verlangt Unmögliches, etwa, dass Kinder ihn mehr lieben als den eigenen Vater und die eigene Mutter. Er herrscht über Leben und Tod, auch über den toten Nachbarn, der nun bei ihm im Himmel sitzt.
Dann kehrt dieser seltsame Radfahrer auch noch um und kommt ihm mit suchendem Blick entgegen. Eine entsetzliche Angst ergreift den Jungen: Was, wenn das tatsächlich Gott wäre? Gott, der ihn sucht, weil er ihn zu sich nehmen will, ihn wegnehmen will, so wie es zum Beispiel Henoch aus der Bibel geschehen ist?
Mit klopfendem Herzen versteckt sich der Junge im Gras, obwohl er doch eigentlich weiß, dass ihn das vor den Augen eines allwissenden Gottes nicht schützen kann.
Schließlich kommt ein Bekannter vorbei und nimmt den Jungen auf seinem Pferdewagen ein gutes Stück mit.
Erleichtert rennt der Kleine das letzte Stück, dem Vater entgegen. Und als er ihm in die Arme springt, spürt der Junge am ganzen Leib, dass er seinen Vater viel, viel mehr liebt als Gott.
Als der Vater die Arbeit im Garten beendet hat, hebt er das Kind auf sein Fahrrad und fährt singend mit ihm davon.
Nun hat der Junge keine Angst mehr, nun weht ihm der herrliche Wind der Freiheit entgegen. Und gleichzeitig ist hinter ihm der singende Vater und birgt ihn in Sicherheit.
Stark ist er, der Vater, ja, stärker sogar als Gott, denkt der Junge. Und er empfindet Genugtuung, als er sich vorstellt, selbst Gott würde sich beim

Händedruck des Vaters vor Schmerz in die Hose machen.

Am selben Abend sieht der Junge zu, wie die Sonne den Hafen seines Heimatortes in ein Flammenmeer verwandelt. In seiner Fantasie wird sie zu einem der Wächter am Tor des Paradieses: Dem Garten Eden, aus dem er an diesem Nachmittag vertrieben wurde, weil er sich abgewandt hat von Gott, als er auf dem Weg war zum Garten des Vaters.

Ich glaube, es gibt viele Menschen, die Gott auf eine ähnliche Weise verloren oder aus ähnlichen Gründen verlassen haben wie dieser Junge.
Von den einen verlangte er, Unmögliches zu glauben oder zu tun. Andere fragten sich, warum nimmt ein allmächtiger Gott mir das, was ich liebe. Oder sie wehrten sich gegen das Gefühl, immer und überall von Gott kontrolliert zu werden. Manche dieser Menschen, die sich von Gott abwenden, brauchen ähnliche Triumphe über ihn wie dieser Junge in der Geschichte.

„Ich will zu meinem Vater gehen."
Was der kleine Junge am Anfang seiner Mutter sagt, sagt in einer biblischen Geschichte ein anderer Sohn zu sich selbst. Der sogenannte „verlorene Sohn":
Er ist von zu Hause ausgezogen, auf der Suche nach Freiheit und Abenteuer. Er hat dabei sein Erbe verprasst, und weil er kein Geld mehr hat, muss er nun Schweine hüten und von dem essen, was sie übrig lassen.
„Ich will zu meinem Vater gehen", sagt er. Er weiß, sein Vater wird ihn – trotz allem, was gewesen ist – mit offenen Armen empfangen.

Jesus, der dieses Gleichnis erzählt, zeigt darin einen Gott, der barmherzig ist und sich nach seinen Kindern sehnt.

Ich frage mich, wie es passieren konnte, dass über Jahrhunderte in der kirchlichen Verkündigung ein Bild von Gott gezeigt wurde, das die Menschen in Angst und Schrecken versetzte. Da verhängt ein allmächtiger Gott im Himmel willkürlich Schicksale über die Menschen: für die

einen das Glück, für die anderen das Unheil.
Und man wage es ja nicht zu hinterfragen, warum.

Unbarmherzig verurteilt dieser Gott diejenigen, die sich ihm widersetzen, er richtet sie nicht nur, er richtet sie hin. Anschaulich ist das in vielen Kirchen ausgemalt, da wandern die einen von Engeln umschwebt in den Himmel, während andere hinabgestoßen werden in einen Höllengrund. Und manche Pfarrer*innen verkündigten geradezu lustvoll ein gnadenloses jüngstes Gericht oben von ihren Kanzeln herab. Als verhängten sie es selbst, als wähnten sie sich selbst als Verwalter der göttlichen Unerbittlichkeit.

Hier ist Gut und Böse auf die fatalste Weise verdreht worden. Menschen haben sich angemaßt, was nur Gott zusteht. Über andere zu urteilen und zu richten.
Gott aber entwürdigt oder tötet nicht. Erst recht nicht ermächtigt er Menschen, solches zu tun.
Er stellt uns vielmehr infrage und bringt uns zurecht.
Wo Menschen ihn reduzieren auf den Allwissenden, der unbarmherzig und kontrollierend über uns wacht, wo sie sich anmaßen, Verwalter und Vollstrecker einer solchen Allmacht zu sein, da wird Gott selbst zu einem verlorenen Vater.

Ich stelle mir darum vor, Gott dürfte aussteigen aus der düsteren Rolle des erbarmungslosen Allmächtigen, der Unmögliches von uns verlangt. Niemand müsste mehr einen Machtkampf mit ihm ausfechten, bis einer der Kämpfenden sich vor Angst in die Hosen macht.
Gott dürfte zum Vater werden, der mich mit offenen Armen empfängt. Oder – wie in der Geschichte – , zum Vater, der hinter mir ist. Singend und fröhlich, stark und schützend. Und während der herrliche Wind der Freiheit mir ins Gesicht weht, spüre ich ihn im Rücken und weiß: Er ist da.

Rollenwechsel

Manchmal wünschte ich mir eine Art Erlassjahr für Gott, in dem nicht von seiner Allmacht gesprochen würde.

Er dürfte die Kleider ablegen, die ihn ausstatten mit Macht:
Den Königsmantel zieht er aus und lässt sich als Säugling, gewickelt in Windeln, in eine Krippe legen.
Die düstere Robe des Richters tauscht er gegen den farbenfrohen Rock einer Künstlerin, die bis heute immer neue Impulse für das Leben gibt.
Die ihm verhasste Haube des Henkers reißt er sich herunter und umkleidet sich mit Barmherzigkeit.

Und dann machte er sich auf den Weg: ein verlorener Vater, der zu seinen Kindern geht.

Gebet: Dein Wort

Sprich
dein Wort in mich,
jeden Tag,
morgens, mittags, abends, nachts.

Sprich
dein heilsames Wort,
Atem in meiner Lunge,
Pochen in meiner Brust.

Ich lebe,
atme, liebe
aus deinem Wort.

Euphemio

Euphemio ist Masken- und Kostümbildner. Doch arbeitet er nicht für ein Theater.
Er schminkt Worte schön, kostümiert und verschleiert sie, damit sie tauglich für das richtige Leben werden und kein allzu großes Erschrecken über sich selbst auslösen.
Im Laufe der Zeit ist Euphemio ein Meister geworden im An- und Aufhübschen und Verkleiden.
Die Ergebnisse seiner Arbeit benennt er nach sich selbst: Euphemismen. Er ist ziemlich narzisstisch veranlagt.

Was ist heute dran? Er schaut in die Auftragskartei:

Wieder mal etwas aus der Wirtschaft.
Entlassungen stehen bevor. Uuuh, das klingt wirklich nicht gut! Er denkt nach. Das Düstere daran müsste aufgehellt werden. Wer nicht zur Arbeit geht, hat viel freie Zeit. Er sucht ein bunt bedrucktes Hemd heraus, kurzärmelig, das ist gut. Dann schaut er in den Schminktopf. Etwas mehr Rosa, damit müsste es gehen.
„Mitarbeitende freisetzen" schlägt er vor.

Nun holt er sich erst mal einen Kaffee.
Als nächstes geht es um Politik. Wieder mal Streitigkeiten in der EU. Einige Staaten wollen keine Geflüchteten aufnehmen. Nun sollen sie wenigstens bei den Abschiebungen helfen.

Abschiebungen, das hatte er doch schon einmal. Er erinnert sich:
„Diese Menschen waren ja in einem fremden Land", hatte er gedacht, „weit weg von dem, was sie einmal Heimat genannt hatten. Wie verirrt. Sie brauchten jemanden, der den richtigen Weg für sie kennt und sie leitet."
„Zurückführen" hatte er vorgeschlagen.

Gedankenverloren rührt er in seinem Kaffee. „Hier müsste anders akzentuiert werden", denkt Euphemio. „Der Zusammenhalt unter den Ländern müsste betont werden. Da können die Abschiebungen ruhig stehen bleiben!"

Er schaut in seinen Fundus. Jede Menge Kleider und Schleier.
Sein Blick bleibt an einem Talar hängen. Eigentlich hält er nicht viel von der Kirche. Zu viele Gutmenschen dort.
Aber hier könnte es passen! Er grinst. Dann kramt er sich durch die Alben und Messgewänder. Schließlich fällt sein Blick auf ein Taufkleidchen. Weiß und unschuldig. Dazu vielleicht sogar noch ein Kreuz? Wer könnte da hart bleiben?
„Abschiebepatenschaft", schlägt er vor.

Genug für heute. Euphemio verschließt seinen Schminkkoffer und stellt ihn beiseite. Nun muss er noch schnell einen Auftrag vom Vortag verpacken und versenden.

Er lacht. Ein Jäger hatte gefragt, in seinem Revier war ein Problemwolf unterwegs, der abgeschossen werden sollte.

Ein Wort im Schafspelz brauchte der also. Eine der leichteren Übungen. „Entnehmen", lautete Euphemios Empfehlung.

Sorgsam verschließt er den Karton und klebt sein Logo drauf. Den wird er jetzt noch zur Post bringen.

Segenwunsch: Klare Worte

Worte,
klar wie Wasser,
wünsche ich dir.

Sie beleben,
was kraftlos geworden ist
und einzugehen droht.

Staub und Dreck
spülen sie fort,
sodass ans Licht kommt,
was wesentlich ist.

Sie erfrischen und nähren,
locken das Leben hervor
und bringen die Wahrheit
zum Blühen.

Einmal wird[6]

(zum Ewigkeitssonntag)

Einmal wird durch die Wolken
ein Lichtstrahl brechen
und was erstarrt war
zum Tauen bringen.

Einmal wird durch den Staub
ein Stängel drängen
und eine Knospe sich schieben
in Richtung Himmel.

Einmal wird hinter den Tränen
ein Lächeln warten
und der Schmerz klingt ab
und wird still.

Einmal wird hinter dem Tod
das Leben summen
und dich auffordern:
Komm, stimm ein in mein Lied!

---

6 aus: Tina Willms, Zwischen Abschied und Anfang. Ein Begleiter durch die Passions- und Osterzeit. Andachten, Gedichte und Gebete, © 2020 Neukirchener Verlagsgesellschaft mbh, Neukirchen-Vluyn, 2. Auflage 2021.

DEZEMBER:
Entwaffnend, der Himmel

Der Wolf findet Schutz beim Lamm, der Panther liegt beim Böcklein. Kalb und Löwe weiden zusammen, ein kleiner Junge leitet sie.
JESAJA 11, 6 (E)

Unterwegs

Was sie verband, sie, die da jetzt standen, saßen, knieten, lagen; was sie verband in jener Nacht, die wir heute die Heilige nennen: Alle waren sie Reisende, waren unterwegs.
Niemand von ihnen war zu Hause in diesem Stall.

Maria und Josef: losgegangen in Nazareth, auf der Reise mit einem Esel. Endlich angekommen in Bethlehem. Am Ziel zwar, doch ohne dort willkommen geheißen zu werden.

Die Weisen: verrückt genug, um sich aufzumachen und in langen Nächten einem Stern zu folgen, seiner unbestimmten Verheißung. Im Gepäck hatten sie ihre Königsgeschenke, man kann ja nie wissen.

Die Hirt*innen: Mit Adrenalin in den Adern eilten sie los, erschreckt und geblendet vom gleißenden Licht. Sie hielten sich fest an diesem „Fürchte dich nicht!“

Der einzige, der hier zu Hause war, wenn man den Ort der eigenen Geburt so bezeichnen will, war Jesus. Er war Staatsbürger dieses Stalles. Angehöriger eines Provisoriums, in dem es an allem fehlte.

Ein Säugling: angewiesen und doch Anlass für das Leuchten, das sich ausbreitete auf den Gesichtern. Rot und runzlig, und doch von hinreißender Gastfreundschaft.

Alle waren willkommen in diesem Stall. Da standen, saßen, knieten und lagen sie nun. Wegelagerer ihrer Sehnsucht, die seltsam still war in dieser Nacht.
Endlich angekommen. Endlich zu Hause.

Erwachsen geworden blieb dieses Kind sich treu: Einer, der unterwegs war und doch zu Hause.
Schätze trug er zu den Bedürftigen. Und stellte den Reichen die richtigen Fragen. Er drehte die Welt auf den Kopf und machte die Letzten zu Ersten.

Und auch das blieb: In seiner Nähe fühlten Menschen sich heimisch. Mancher mehr als in den eigenen vier Wänden. Als könne man ein Nest bauen auf dem Weg. Als ließe sich wohnen in einer Hoffnung hinter der Zeit.

Gebet: Entwaffnend

Gott,
preisen will ich deine Visionen,
die du mit uns teilst.

Ich sehe sie vor mir, die Kinder.
Arglos leiten sie Löwen und Lämmer
und wissen von keiner Gefahr.

Versonnen spielen sie auf den Feldern,
Nattern und Wölfe
stellen kein Risiko dar.

Gott, preisen will ich dich,
will mich mitreißen lassen
von deiner entwaffnenden Zärtlichkeit,
die Frieden aussät
in unsere Welt.

Advent im Alltag[7]

Dass draußen über der Finsternis ein großes Licht erscheint und Engel ein Lied singen in verstummte, furchtsame Herzen;
dass an der Krippe alle gemeinsam stehen, Hirten und Könige, Ochse und Esel und Lamm;
dass am Weihnachtsfest die Worte vom Frieden auf Erden auch heute manche Waffen zum Schweigen bringen:
All das hält die Sehnsucht wach nach einer anderen Welt. Eine Sehnsucht, die uns antreibt und Kraft verleiht.
Und wir treten in Jesu Fußstapfen, um Schritt für Schritt das Gesicht der Erde zu verändern.

---

7 aus: Tina Willms, Zwischen Stern und Stall. Ein Begleiter durch die Advents- und Weihnachtszeit. Andachten, Gedichte und Gebete. © 2015 Neukirchener Verlagsgesellschaft mbH, Neukirchen-Vluyn, 5. überarbeitete und erweiterte Auflage 2020.

Baumschmuck

Ich hänge kleine Sterne in die Zweige
und will nicht vergessen,
gelegentlich nach ihnen zu greifen.

Bei den Kugeln denke ich
ein Danke für alles,
was rund war und die Tage
zum Glänzen brachte.

Die alten Äpfel aus Holz
erinnern mich an das Paradies,
das unverhofft aufscheint
in manchen Augenblicken.

Den Engel aus hellem Papier
hat die Freundin gebastelt,
die manchmal selbst
Flügel zu haben scheint.

Dazu ein paar Nüsse
für das, was geheimnisvoll bleibt
und all die Rätsel,
die schwer zu knacken sind.

Und auf die Spitze
setze ich schließlich
noch einen Stern,
einen großen diesmal:

für die Hoffnung,
die mich leite
in Richtung Himmel.

Zwischen den Welten

Inzwischen bin ich fast jeden Abend hier. Endlich kann man nah an den Fluss heran.
Leicht verzerrt spiegeln sich die Bäume im Wasser. Im Winter werden sie zu Schattenrissen im Gegenlicht.
Oft steht ein Reiher am Ufer und fischt. Kormorane hocken in den Zweigen der Weiden, einmal blitzt ein Eisvogel blau über dem Wasser.

Und dann die Sonnenuntergänge! Wenn der Himmel sich färbt, leuchtet auch der Fluss in den schönsten Farben. Mal verschwimmen sie zart ineinander, mal scheinen sie gemalt wie mit kraftvollem Pinselstrich.
Als sei an jedem Abend ein anderer Maler am Werk: Caspar David Friedrich. Emil Nolde. Vincent van Gogh. Claude Monet.

Am Ufer des Flusses lässt man auf den Wiesen das Gras wachsen. Disteln blühen, Nachtkerzen öffnen sich, Mohn leuchtet zwischen den hochgewachsenen Gräsern.

Dazwischen aber finden sich Relikte, die von der Geschichte des Ortes erzählen: ein Wachturm, ein olivgrünes Häuschen, vor allem aber die lange Trasse aus Beton mit ihren Abzweigungen, die bis ans Wasser führen.

Noch vor wenigen Jahren war hier ein Militärgelände.

Engländer*innen waren in unserer Stadt stationiert. Wenn ich in der Nacht hörte, wie Panzer mit rasselnden Ketten über die Straßen rollten, wusste ich: Nun wird an der Weser wieder der Ernstfall geprobt. Einen Fluss überqueren, Notbrücken bauen.
Soldat*innen üben den Krieg.

Für die Einwohner*innen war der Weg ans Wasser versperrt. Ein Zaun aus massiven Metallstreben und dick gewickelter Stacheldraht schirmten das Gelände ab. Ein Vorhängeschloss sicherte das Tor an der Einfahrt.

Und nun steht dieses Tor offen, weit und einladend. Und der Weg ans Wasser ist frei.

Menschen entspannen und erholen sich hier, sie lächeln und grüßen einander. Kinder üben das Fahrradfahren, Jugendliche schlendern entlang, Rollkunstläufer*innen proben mit eleganten Schwüngen ihre Kür. Vielleicht wird es irgendwann sogar eine Badestelle geben.

Das Leben muss sich nicht mehr unter Tarnfarben verstecken. Hier wird kein Krieg mehr geprobt. Endlich ist es friedlich und still.

Mir scheint, es macht den Charme dieses Geländes aus, dass es ausgedient hat.

An diesem Tag hat es geregnet. Auf dem Beton steht Wasser in langgezogenen Pfützen. In den Wasserflächen spiegeln sich Wolken und Sonnenuntergang bis zum Horizont. Als sei ein fließender Übergang und der Weg vom Himmel zur Erde offen. Und ich könnte zwischen den Welten spazieren gehen.

Segenswunsch: Himmlischer Frieden

In dieser Nacht
soll Frieden sein.

Leg beiseite
dein Misstrauen,
deine Wortwaffen,
deine Angst.

Du darfst
dich anlehnen,
darfst dich bergen
bei diesem Kind.

Ich wünsche dir,
dass himmlischer Frieden
einzieht bei dir
und dein Leben erfüllt.

DANK

Freiraum und Unterstützung sind nötig, damit das Schreiben mir möglich ist.

Ich danke meiner Familie, dass sie mir beides gewährt.

Meiner Schwester Heinke Willms danke ich für ihre Gastbeiträge.
Wertvolle Anregungen und Fragen zum Manuskript verdanke ich Annette Baden-Ratz, Birgit Große und Heinke Willms.
Ihre kritischen und würdigenden Blicke haben mir Mut gemacht, dieses Buch zu veröffentlichen.

QUELLENVERZEICHNIS

Die Jahreslosung und Monatssprüche 2022 hat die ÖAB auf Ihrer Jahrestagung vom 18. bis zum 20. Februar 2019 festgelegt.

Ökumenische Arbeitsgemeinschaft für Bibellesen (ÖAB): www.oeab.de, info@oeab.de
Alle Bibelverse sind, soweit nicht anders angegeben, entommen aus: Lutherbibel, revidiert 2017, © 2016 Deutsche Bibelgesellschaft, Stuttgart (in den Texten abgekürzt mit L);
Einheitsübersetzung der Heiligen Schrift © 2016 Katholische Bibelanstalt, Stuttgart. Alle Rechte vorbehalten (in den Texten abgekürzt mit E)

Ransmayr, Christoph: Mädchen im Wintergewitter, in: ders., Atlas eines ängstlichen Mannes, 4. Aufl., Dezember 2012.

Remen, Rachel Naomi: „Der Segen meines Großvaters“, https://www.wertschaetzer.com/inspirierende-medien/neshumele-%E2%80%93-der-segen-meines-gro%C3%9Fvaters (Zugriff am 05.04.2021).

Stanišić, Saša: Herkunft, München 2019.

t'Hart, Maarten: Gott fährt Fahrrad oder: Die wunderliche Welt meines Vaters, München 2003.

Tina Willms, Erdennah – Himmelweit. Ein Jahresbegleiter zu den Wochensprüchen. Andachten, Gedichte und Gebete. © 2014 Neukirchener Verlagsgesellschaft mbH, Neukirchen-Vluyn, 4. Auflage 2019.

Tina Willms, Zwischen Abschied und Anfang. Ein Begleiter durch die Passions- und Osterzeit. Andachten, Gedichte und Gebete, © 2020 Neukirchener Verlagsgesellschaft mbh, Neukirchen-Vluyn, 2. Auflage 2021.

Tina Willms, Zwischen Stern und Stall. Ein Begleiter durch die Advents- und Weihnachtszeit. Andachten, Gedichte und Gebete. © 2015 Neukirchener Verlagsgesellschaft mbH, Neukirchen-Vluyn, 5. überarbeitete und erweiterte Auflage 2020.

Notizen

Notizen